Finance

智能金融

刘军　张燃◎著

中国经济出版社
CHINA ECONOMIC PUBLISHING HOUSE
·北 京·

图书在版编目（CIP）数据

智能金融/刘军，张燃著．

—北京：中国经济出版社，2020.3

ISBN 978-7-5136-5411-1

Ⅰ.①智… Ⅱ.①刘… ②张… Ⅲ.①智能技术—应用—金融 Ⅳ.①F830.49

中国版本图书馆 CIP 数据核字（2018）第 236022 号

策划编辑　崔姜薇

责任编辑　张　博

责任印制　马小宾

封面设计　任燕飞装帧设计工作室

出版发行　中国经济出版社

印 刷 者　北京建宏印刷有限公司

经 销 者　各地新华书店

开　　本　710mm×1000mm　1/16

印　　张　14

字　　数　190 千字

版　　次　2020 年 3 月第 1 版

印　　次　2020 年 3 月第 1 次

定　　价　68.00 元

广告经营许可证　京西工商广字第 8179 号

中国经济出版社 **网址** www.economyph.com **社址** 北京市东城区安定门外大街 58 号 **邮编** 100011

本版图书如存在印装质量问题，请与本社销售中心联系调换（联系电话：010-57512564）

目 录

1 智能金融的概念、发展与应用

智能金融服务是互联网金融行业未来发展的必然趋势。

——许泽伟

1.1 何谓智能金融

作为一个新兴概念，智能金融究竟是什么，目前尚没有学者给出明确的能被普遍接受的定义，在参考了国内外相关文献之后，本文认为智能金融属于金融科技（Fintech）范畴，更聚焦于人工智能（Artificial Intelligence，AI）在传统金融领域投资标的选择、客户服务等方面的应用。

智能金融目前较为成熟的应用是人工智能投资顾问。作为整合了大数据、云计算、移动互联网等技术并基于人工智能的投资顾问系统，该系统以“人工智能投资顾问”的形式为用户提供资产管理服务。人工智能投资顾问的技术核心是人工智能，一方面依靠其强大的算法模型对市场趋势以及资产价格做出精准预测，另一方面随时对用户的资产配置情况以及自身需求进行规划，当用户投资需求同市场走势出现吻合时，迅速抓住机会，完成交易。

1.1.1 何谓人工智能

人工智能的历史源远流长。在古代的神话传说中，技艺高超的工匠可以造人，并且赋予其智能或者意识。现代意义上的AI始于古典哲学家用机械符号处理的观点来解释人类思考过程的尝试。20世纪40年代，基于抽象数学推理的可编程数字计算机的发明使一批科学家开始严肃地探讨构造电子大脑的可能性。1956年，在美国达特茅斯学院举行的一次会议上，与会学者正式确立了人工智能的研究领域。有不少会议的参加者在接下来的数十年成为人工智能研究领域的领军人物。同时，大量资金被投入人工智能的研究中，可是研究人员低估了这一研究的难度。1973年，在国会的压力下，美国停止了向没有明确目标的人工智能研究项目的拨款。七年之后，由于受到日本政府研究规划的刺激，美国政府和企业再次在人工智能领域投入数十亿美元的研究经费，但这些投资者在20世纪80年代末重新撤回了投资。人工智能研究领域诸如此类的高潮和低谷不断交替出现，尽管在政府和风投家那里经历了大起大落，但是人工智能领域仍在不断取得进展，某些在20世纪70年代被认为不可能解决的问题，今天已经获得了圆满解决并被成功应用于各种产品和服务。

2016年，被很多人定义为人工智能时代的元年，在这一年里，谷歌公司旗下DeepMind公司开发的人工智能围棋手AlphaGo战胜了韩国九段棋手李世石；Facebook创始人扎克伯格成功开发出了他的JAVIS——一个超级人工智能“管家”；谷歌在这一年还宣布将战略重心从“移动先行”全面转向“人工智能先行”等，人工智能终于跳出实验室的禁锢，成为活跃在科技领域的核心力量，也让更多人感受到了它的科技魔力。创新工场董事长李开复高调预言，金融领域将会是人工智能最快产生商业价值的领域之一。

事实上，人工智能所涉及领域的界限随时间而变化，具有不确定性，但是其研究和应用始终围绕自动化或者复制智能行为。人工智能是计算机科学、控制论、信息论、神经生理学、心理学、语言学等多种学科互相渗透而发展起来的一门综合性学科。从计算机应用系统的角度来看，人工智能是研究如何通过制造智能机器和智能系统，来模拟人类智能活动的能力，从而延伸人类智能的科学。如果仅从技术的角度来看，人工智能要解决的问题是如何使电脑表现智能化，使电脑能够灵活、高效地为人类服务。只要结果显示电脑能表现出与人类相似的智能行为，就算是达到了研发目的，而不必追究在这个过程中电脑是依靠某种算法还是真正具备了理解思维的能力。人工智能的目标就是研究怎样用电脑来模仿和执行人脑的某些智力功能，并开发相关的技术产品，建立有关的理论。具体可分为五大流派——根据抽象符号进行逻辑推理的符号主义，受人脑启发搭建结构的联结主义，受达尔文进化论启发的进化主义，采用概率推理的“贝叶斯派”以及根据以前出现的类似情况进行推理的“类推派”。

人工智能在“人工智能投资顾问”中的角色是：在海量信息中寻找规律及相关性，并依据其归纳总结出的行为规律来预测未来市场的规律以及事件发生的概率。由此可见，这样的基于人工智能的资产关系系统的基础是大数据和算法。移动互联网为人们提供了海量信息，这些信息以结构化或非结构化数据的形式存在，毫无疑问的是，基于大数据的机器学习可以获得传统方法无法得到的认知，从而更好地把握交易机会。

就智能金融领域现有技术及应用，简单举例，如表 1-1 所示。

表 1-1 智能金融领域现有技术及应用举例

主导技术	Robot	Smart	Intelligent
主要任务	数据收集、录入、简单提取、整理	数据简单分析，如摘要，按规则过滤、跟踪、可视化	数据的决策支持，深度观察
对应人的劳动	从 PDF 里复制粘贴数据，套公式计算	初级分析师制作估值模型，数据集成	高级分析师解释事件的原因，预测未来
应用例子	资产管理的智能投顾	企业要素分析的自动化报告	捕捉市场机会，提供参谋意见
企业举例	Bloomberg，Betterment	AlphaSense，DataMinr	Kensho

1.1.2 何谓传统金融

金融业是指经营金融商品的特殊行业，它起源于公元前 2000 年巴比伦寺庙和公元前6世纪希腊寺庙的货币保管和收取利息的放款业务。公元前5至公元前3世纪在雅典和罗马先后出现了银钱商和类似银行的商业机构。在欧洲，从货币兑换业和金匠业中发展出现代银行。最早出现的银行是意大利威尼斯的银行。1694年，英国建立了第一家股份制银行——英格兰银行，这为现代金融业的发展确立了最基本的组织形式。此后，各资本主义国家的金融业迅速发展，并对资本的加速积聚和生产的集中起到巨大的推动作用。

19世纪末20世纪初，主要资本主义国家进入垄断资本主义阶段。以信用活动为中心的银行垄断与工业垄断资本相互渗透，形成金融资本，控制了资本主义经济的命脉。由于长期的封建统治，现代银行在中国出现较晚。鸦片战争以后，外国银行开始进入中国，最早的是英国丽如银行（1845）。随后，英国的麦加利银行（即渣打银行）和汇丰银行、德国的德华银行、日本的横滨正金银行、法国的东方汇理银行、俄国的华俄道胜银行等也相继在中国设立分支机构。中国人自己创办的第一家银行是1897年成立的中国通商银行。辛亥革命以后，特别是第一次世界大战开始以后，中国的银行业开始有了较快的发展，银行逐步成为金融业的主体，钱庄、票号等相应退居次要地位，并逐步衰落。

在现代金融业中，各类银行占有主导地位。商业银行是现代银行最早和最典型的形式，城市银行、存款银行、实业银行、抵押银行、信托银行、储蓄银行等，虽都经营金融业务，但业务性质常有较大差异，目前中国未实行“分业监管”的监管政策，各个银行必须保证分业经营，事实上，随着电子计算机和自动化服务的普及，现代金融业的经营手段已十分现代化，一些集团通过大型金融控股公司，实现企业内部的混业经营。

1.1.3 传统金融面临的冲击

1.1.3.1 人工智能超强的数据处理能力

比如，一般基金经理个人跟踪研究的股票数量在50只以内，而利用人工智能的大数据挖掘却可以覆盖市场上所有的股票。基金经理人每天的工作时间一般不会超过 12 小时，每周至少会休息一天，无法保证跟踪市场数据的连续性。但是利用计算机实现人工智能就可以保证全年无间断地、连续地跟踪市场数据。

1.1.3.2 人工智能更高的决策理性程度

人工智能基于历史数据和先决程序做出投资选择，投资理性程度更高，可以有效避免人的主观性，相对更客观公正。此外，人工智能还能让客户享受到更加主动、智慧的金融服务以及更加安全、高效的智能化投资服务，未来的金融服务生态甚至也会因此而重构。

1.1.3.3 传统金融中介作用淡化

传统金融领域的供需模式是资金需求者和资金富裕者（投资人）通过金融中介达成协议，融资方式可分为直接融资和间接融资。在互联网金融时代，中介的作用不断被淡化，资金需求者可以跳过实体金融中介，直接在各类互联网平台上和投资人相互交流。这样的变化使得资金的流动更加顺畅高效。而与互联网金融相比，智能金融不仅能满足资金需求者和投资者交流的需求，还能根据资金需求者和投资者的特征为他们进行自动匹配，提高匹配的成功率。

1.1.3.4 去中心化趋势明显

在互联网金融出现之前，金融机构之间只能通过中央银行发生互换，中央银行是国家金融体系中最关键的节点，负载了全国所有的交易信息，一旦中央银行出现问题，就会对该国经济造成毁灭性打击。而互联网金融改变了这个现象，它使得每一个交易者都可以成为一个权重节点，比如使用支付宝、微信可以向亲朋好友们转账，大家可以实现点对点的互换，而不一定需要经过银行系统，每个互联网金融的参与者都是信息的提供者、记录者和传播者，这样的转变明显削弱了中央银行的中心地位，充分增强了个体在整个金融生态系统中的作用，对共享经济等思想的产生具有启蒙作用。

1.1.4 智能金融与金融科技

金融科技（Fintech）是指技术在金融领域的应用及带来的金融创新。过去金融行业使用互联网、云计算等技术，往往是为了优化流程、改善效率、提高竞争水平，并未将这些技术提升到一个特殊的门类来对待，但是随着互联网技术的强劲发展，人们意识到，一方面，人工智能、大数据和云计算作为一个整体，正在推动金融服务领域的颠覆式创新和重塑——它已经改变了整个金融市场的游戏规则，并且挑战着传统金融机构作为信息中介的牢固地位。另一方面，国内互联网金融公司的迅速发展对底层技术的要求越来越旺盛，除了要求在技术上让用户体验更加舒畅、便捷之外，新的金融技术更追求金融服务的普惠化，所以需要覆盖到传统金融行业无法覆盖的人群。在扩大潜在投资群体的同时，又要保证适度的金融风险水平，这就对金融行业的风险控制水平提出了更高的要求。这些因素都催生了金融领域互联网信息传输、人工智能、手机终端信息处理等技术的创新，也由此出现了科技金融的概念。

与金融科技相比，智能金融更注重于人工智能技术在金融领域的应用与实践。从这个角度来说，智能金融从属于金融科技，是金融科技中最活跃，最具有潜力的部分。为更形象了解智能金融，详见表1-2。

表1-2 智能金融

领域	解决的问题	例子
金融	不确定环境中进行资源跨期的最优配置决策的行为	储蓄
传统金融	其他金融创新的基础	银行、保险、券商
互联网金融	互联网公司进入金融交易，金融机构利用互联网	支付宝、P2P、众筹
金融科技	用技术降低成本，发展新金融商业模式	个人征信、银行大数据
智能金融	用人工智能技术自动化和智能化金融交易	Kensho，AlphaSense

1.2 智能金融的发展趋势

1.2.1 智能金融的起源

1866 年，人类电报时代的开启预示着金融全球化的实现，电报的发展和电子资金转账服务系统的广泛应用为银行业务电子化奠定了技术基础，促进了金融业的发展和创新。

20 世纪 50 年代，银行信用卡的出现标志着电子交易技术在银行领域的首次应用，更加方便快捷的金融交易服务很大程度上推动了银行业务电子化。1956 年美国达特茅斯会议上，“人工智能”的概念首次被提出，随后研究者们发展了众多理论和原理，人工智能的概念不断扩展。

20 世纪 60 年代，自助取款机（ATM）的发明和应用取代了银行业的部分柜员和出纳员，进一步提高了金融服务的效率，降低了银行业的人工成本。

1966 年，全球用户电报网络建立，为未来金融技术的全球化发展提供了框架，随后建立的跨银行支付清算系统允许世界上最活跃的银行以美元结算付款。

1969 年，全球第一个金融交易系统——奥特斯（AutEx）通过电话线连接的方式处理机构投资者的大宗交易，成为电子交易技术在证券领域的首次应用。20 世纪 70 年代初，电子股票交易系统开始在美国交易所的大厅内使用，开启证券交易电子化时代。1975 年，将美国证券交易所、纽约证券交易所以及纳斯达克市场等 9 个证券市场相互连接，开发了跨市场交易系统（Intermarket Trading System，ITS），进一步方便了金融用户跨市场交易，提高了证券跨市场业务的效率和电子化水平。

20 世纪 80 年代，大型计算机、超复杂数据处理电子系统的崛起预示着金融科技 1.0 时代接近尾声。

1982 年，金融科技真正意义上的普及得益于电子商务的发展。电子商务和网络支付使得电子交易系统对个人投资者开放。20 世纪 90 年代中后期，网络技术的高速发展，使网络证券经纪业务、网上银行业务的开展成为现实，网上银行、网络券商等大获成功。而网上银行、网络券商业务是由金融科技服务提供商精心打造的一种别具匠心的个人投资者服务，它们的出现逐渐替代了以电话、柜台驱动的传统零售银行和券商业务模式。

进入 21 世纪，数字经济标志着金融科技 2.0 时代的开启。2003 年，作为国内首家独立的第三方支付平台，支付宝的创立实现了国内资产端、交易端、支付端、资金端等互通互联，并在电商支付、移动支付等多个领域迅速占据优势。2005 年，全球第一家 P2P 网络信贷平台 Zopa 在英国伦敦上线运营，计算机网络的高效使传统的借贷模式从两步走模式，直接跨越到个人对个人放款模式，省去了中间银行的环节，把银行从借贷业务链中挤出去。2006 年，国内出现了早期的 P2P 网络信贷平台，但是发展缓慢且数量极少，直到 2011 年，我国网络信贷平台才进入迅速发展期，2012 年网络信贷平台进入爆发期，截至 2017 年 6 月，国内正常运营平台数达 2000 多家，累计平台数量达 5909 家。

其实，2008 年，智能金融的概念就已经在美国悄然兴起。2010 年，智能金融在美国正式流行推广，于 2011 年被正式提出，英文缩写是由英文 Financial 和 Technology 合并成的 Fintech，是“金融”和“科技”的高度融合，Betterment、Future Advisor、Wealthfront 等智能金融公司相继成立并推出相应的智能投资顾问等智能金融服务，最知名的公司 Betterment 和 Wealthfront 在 2010 年至 2011 年左右开始面向个人理财用户推出基于互联网技术与算法的资产管理组合建议，包括基金配置、股票配置、股票期权操作、债权配置、房地产资产配置等，开启了智能投资顾问时代。过去，这样的一些算法、资产配置建议等，基本上只有机构投资者才能享有，新的变化意味着：智能金融由此诞生。

从 IT 技术对金融行业的推动和变革角度来看，迄今为止金融科技经历了三大发展阶段（见图 1-1）：

第一个发展阶段为金融 IT 阶段，也可以称为金融科技 1.0 版：在这一发展阶段中，金融行业通过传统的 IT 软、硬件来实现办公和业务的电子化、自动化，优化金融业务流程，提高金融行业的业务效率。IT 公司并不直接参与金融公司的业务环节，IT 系统在金融公司体系内属于典型的成本部门。该阶段的代表性产品包括 ATM、POS 机、核心交易系统、信贷系统、清算系统等。

第二个发展阶段为互联网金融阶段，也可以称为金融科技 2.0 版：在这一发展阶段中，金融业搭建在线业务平台，通过互联网或者移动终端渠道汇集海量用户，获取用户信息和特征，实现金融业务中资产端、交易端、支付端、资金端等任意组合的互联互通，达到信息共享和业务融合的目的，其本质上是对传统金融渠道的变革。该阶段代表性业务包括互联网基金销售、P2P 网络借贷、互联网保险、移动支付等。

第三个发展阶段可以称为金融科技 3.0 版：金融业通过大数据、云计算、人工智能、区块链等最新 IT 技术，改变传统金融的信息采集来源、风险定价模型、投资决策过程、信用中介角色等方面，大幅提升传统金融的效率，解决传统金融的痛点。该阶段代表性技术包括大数据征信、智能投顾、供应链金融等。

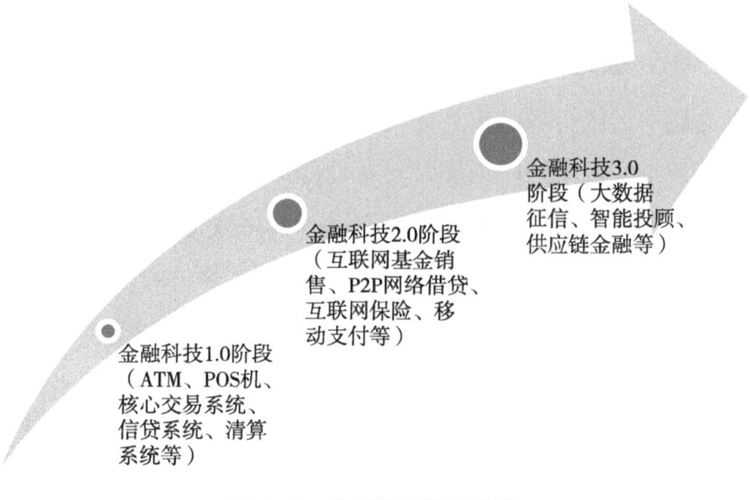

图 1-1　金融科技发展阶段

目前，随着支付宝、P2P 网络借贷等互联网金融平台的不断完善和发展，中国基本处于金融科技 2.0 时代，也就是互联网金融阶段。

1.2.2 智能金融的兴起动因

任何事物的兴起和发展都离不开独特的时代背景和有利的外部条件，智能金融、互联网金融等新兴的金融概念都兴起于 2008 年全球金融危机之后，这并不是偶然的，而是具有其兴起和发展的动因。

1.2.2.1 银行业的危机，智能金融的生机

高度繁荣的银行业在 2008 年遭受了沉重的打击，尤其是国际大型商业银行。巴塞尔银行监管委员会为确保全球金融机构的安全，对一批大型银行业金融机构大幅提升了资本的监管要求。近十年来，银行业金融机构面临着双重压力：一方面是日益加大的资本监管压力，这直接约束了传统银行业的业务范围及空间，使其创新动力大为减弱；另一方面是银行业金融机构在全球舆论中成为金融危机的“罪魁祸首”，欧美银行业的大量倒闭导致投资者、储蓄者，尤其是年轻人对传统金融业失去了信心。独特的时代背景为那些没有在此次金融危机中受到影响及责难的，以智能网络化、电子化的方式提供投资服务的业务和部门提供了绝好的生存和发展机会。

1.2.2.2 银行业的客户，智能金融的用户

智能金融与传统金融的重大区别之一就在于服务对象的不同。传统金融行业由于成本和效率问题主要针对企业等大型客户，忽视了资金少但数量巨大的个人客户，这些个人客户也被称为长尾客群。随着互联网技术的发展，智能金融关注并服务长尾客群的成本大大降低，效率也相对提高。巨大数量的微小市场占据了市场中可观的份额，使得智能金融迅速发展。

同时，银行业的客户结构也在发生巨大变化，尤其是 20 世纪 80 年代至 21 世纪初出生的“千禧一代”客户，在国外也被称为生活在数字时代的“Generation Z”。这代人的成长伴随着互联网、计算机科学的形成与高速发展，他们的生活高度依赖互联网及数字设备。

银行业的客户将逐步转变为智能金融的用户表现在：一方面，以20世纪80年代的年轻客户为代表的长尾客群表现出相当不同于成熟客群的消费偏好：他们个性意识强，在消费行为上偏好能解决个性需求的金融产品及服务，不愿忍受在银行给定的范围内选择和购买大众化的产品及服务，他们不再是银行及传统金融机构的忠实客户。相反，他们是智能金融的忠实用户，会利用移动互联网技术主动获取多样化、个性化的金融产品及服务，以构建（主动构建或借助外部力量构建）自己期待的个性化金融需求解决方案；另一方面，“千禧一代”用户的付费习惯发生逆转。他们更偏好互联网快捷、免费的服务模式，他们不再愿意为银行标准化产品及服务付费。同时，他们愿意支付更高的费用去购买能够满足他们个性化金融需求的产品与服务。目前，银行业金融机构的年轻客户群体正在被智能金融平台、智能金融公司锁定，传统金融业庞大的长尾客群正逐渐变成智能金融的忠实用户、粉丝甚至会员。

1.2.2.3 传统金融的脱媒，智能金融的触媒

“脱媒”一般是指在进行交易时跳过所有中间人而直接在供需双方间进行。传统金融脱媒是指在金融管制的情况下，资金供给绕开商业银行这个媒介体系，直接输送到需求方和融资者手中，造成资金的体外循环，也可以称之为金融的“去中心化”。金融脱媒最早于1969年在美国产生，是金融制度发展到一定阶段的必然产物。

传统金融中介理论认为货币金融中介、非货币金融中介以及证券市场之间是以交易成本为核心的竞争与替代关系。该理论认为，在交易技术不发达时期，金融中介机构利用技术上的规模经济降低交易成本，随着交易技术的进步，金融中介在交易成本上的优势不复存在，失去了其存在的意义，传统金融中介被“去中介”，金融脱媒就出现了。但几十年来，美国等发达国家的金融实践表明，金融中介不仅没有消失，各种各样的非银行金融中介反而发展起来。对此，传统金融中介理论框架下的金融脱媒无法给出答案。

20世纪90年代中期，经济学家莫顿（Merton）提出了金融功能观，大大扩展了传统金融中介理论。其核心思想是，金融体系的基本功能稳定，但金融机构的构成及形式却是不断变化的，以充分发挥金融体系的功能为依据，金融体系功能发挥得越充分，金融中介机构竞争力越强。同时，莫顿提出的"金融创新螺旋"从根本上揭示了金融中介与金融市场的动态关系：金融中介将小规模的金融产品或服务推向市场，日益完善、扩大和标准化的金融产品逐渐从金融中介转向金融市场，各种金融市场随着技术进步和金融创新的发展迅速增长，使得金融中介的边际交易成本迅速下降，这又反过来促使金融中介的新产品与服务不断增加，依次螺旋演进。因此，金融产品与服务的提供者既不是单纯的金融中介，也不是单纯的金融市场，而是"金融中介—金融市场"的循环。

也就是说，当金融市场还不是很发达，并且其他非银行金融中介还不够壮大的时候，银行是金融体系中履行资金融通效率最高的组织形式；当非银行金融中介（如证券、保险、基金等）的发展使得自身资金融通的效率超过银行，则会出现银行层面的金融脱媒；当直接融资的金融市场的资金配置效率超过银行和非银行金融中介，就会出现金融部门层面的金融脱媒。但金融中介与金融市场的关系不是简单的替代性竞争关系，而是相互补充和促进的，是动态的金融创新螺旋。因此，我们不能把银行层面的金融脱媒视为整个金融部门在经济中重要性的下降，金融中介因信息不对称的存在而存在，只是其组织形式会不断变化，向着能够充分降低交易成本，发挥组织效率的方向演进。

随着信息化的高度发展，根据金融需求方日益明显的个性化需求，可以推测，传统金融中介会继续发展壮大，要么拓展新的功能，要么接近互联网模式，利用智能技术改革自己的组织形式，提高运作效率；否则就会被新的金融中介组织所取代，即传统金融被"脱媒"的同时，智能金融"触媒"，这就是智能金融应运而生的最重要理论动因。

1.2.3 智能金融的现状

1.2.3.1 金融科技整体现状

从融资笔数和融资总额来看，2016 年，全球智能金融公司融资笔数共计 504 笔，累计融资金额达 1135 亿元。其中，中国智能金融融资共 281 笔，占全球比例为 55.75%。中国智能金融累计融资总金额为 875 亿元，占全球的比例为 77.09%；国外智能金融融资共有 223 笔，累计融资总金额为 260 亿元。

据不完全统计，2017 年全球智能金融公司融资笔数共达 649 笔，比 2016 年增加 145 笔；累计融资总金额约为 1397 亿元，比 2016 年增加 262 亿元。其中，中国智能金融投融资共 328 笔，比 2016 年增加 47 笔，占全球比例为 50.54%。中国累计融资总金额为 796 亿元，占全球的比例为 56.98%；国外共有 321 笔，融资总金额为 601 亿元。从总投资来看，全球投入智能金融公司的资金规模从 2008 年的 9.3 亿美元扩大到 2016 年的 232 亿美元。

以上内容见表 1-3、图 1-2、表 1-4、图 1-3。

表 1-3 全球智能金融公司融资现状（按笔数）

年份	融资笔数	中国	中国占比	国外	国外占比
2016	504 笔	281 笔	55.75%	223 笔	44.25%
2017	649 笔	328 笔	50.54%	321 笔	49.46%

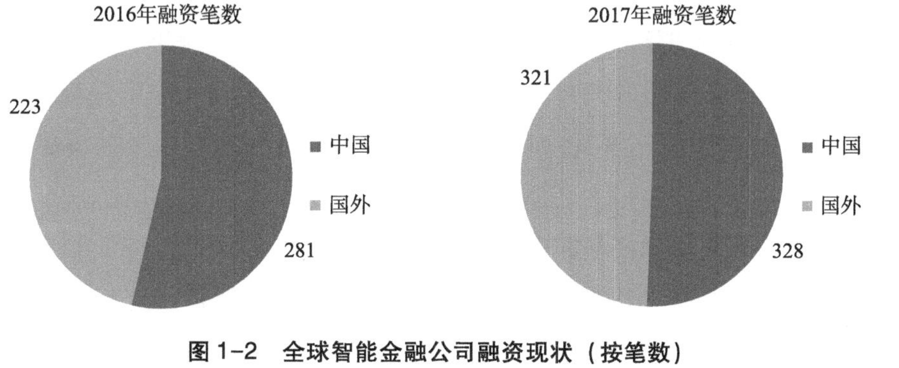

图 1-2 全球智能金融公司融资现状（按笔数）

表 1-4　全球智能金融公司融资现状（按金额）　　单位：亿元

年份	累计融资金额	中国	中国占比	国外	国外占比
2016	1135	875	77.09%	260	22.91%
2017	1397	796	56.98%	601	43.02%

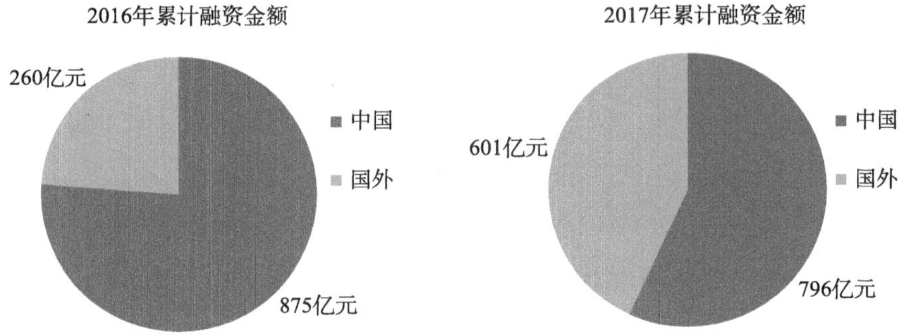

图 1-3　全球智能金融公司融资现状（按金额）

从地域分布情况来看，无论是融资额还是融资笔数，中国都是全球智能金融投融资当之无愧的领头羊，远大于位居第二位的美国，而印度和英国分别位列第三、第四，其次是巴西、德国、以色列、丹麦、加拿大和法国。智能金融发展的重心已经由最初的伦敦、纽约等欧美地区转移到亚太地区。

从月份分布来看，2016 年全球智能金融投融资笔数呈现小幅波动、整体上升的趋势，投融资金额全年波动较大。投融资笔数方面，2016 年 11 月投融资笔数多达 60 笔，为全年笔数最多的月份。2 月笔数仅为 18 笔，为全年笔数最少的月份。投融资金额方面，2016 年 4 月，全球智能金融投融资金额因蚂蚁金服的 B 轮融资而达到最大水平，当月投融资金额为 320 亿元，2 月份投融资金额最少仅为 8 亿元。2017 年全球智能金融投融资笔数仍旧呈现小幅波动整体上升的趋势，投融资金额全年波动相比 2016 年较为平缓，下半年全球投融资金额因中国智能金融上市潮而显著上涨，2017 年的月投融资笔数和投融资金额普遍比 2016 年有所增长。投融资笔数方面，2017 年 12 月投融资笔数多达 64 笔，为全年笔数最多的月份。7 月笔数为 47 笔，为全年笔数最少的月份。投融资金额方面，2017 年 11 月，全球智能金融投融资金额达到最大水平，当月投融资金额为 320 亿元，2 月份投融资金额最少仅为 8 亿元。

从轮次分布来看，投融资笔数方面，全球智能金融投融资主要为 A 轮（42%，214 笔）、天使/种子轮（19%，96 笔）、B 轮（17%，84 笔）和 C 轮（9%，47 笔）；投融资金额方面，全球智能金融投融资主要为 B 轮（52%，586 亿元）、A 轮（19%，214 亿元）和 C 轮（13%，148 亿元）（见图 1-4、图 1-5）。

（单位：亿元）

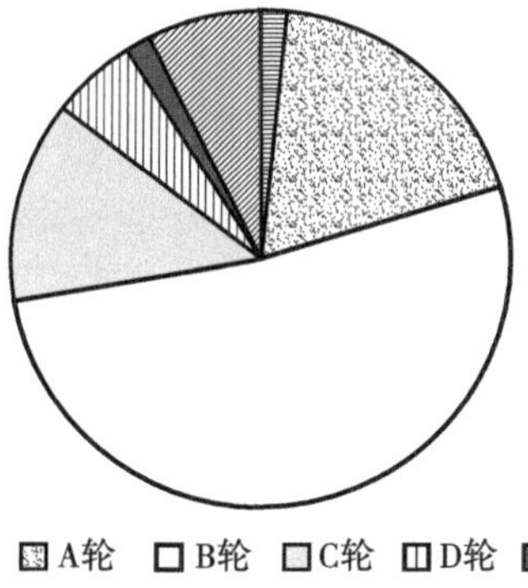

图 1-4　2016 年全球智能金融公司融资轮次（按金额）

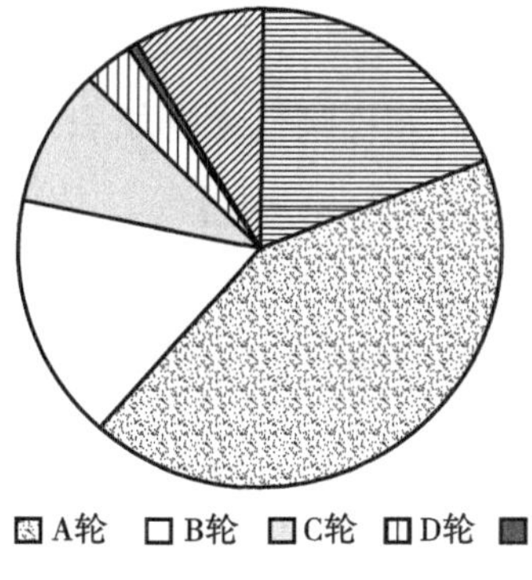

图 1-5　2016 年全球智能金融公司融资轮次（按笔数）

从细分领域分布来看，金融科技涉及的具体细分领域包括支付、区块链、其他基础设施、网贷、众筹、理财、保险科技、互联网金融和消费金融等。

全球金融科技100强公司主要分布在借贷、支付、监管科技、数字货币、数据分析、保险、资本市场、财富管理、众筹、区块链和会计核算11大领域。

1.2.3.2 智能金融发展现状

自2008年开始，智能金融在全球迅速发展，尤其是2016年AlphaGo的出现，使智能技术的运用再次进入人们的视野，引起了全世界范围的关注，人工智能的研究和发展进入蓬勃期，进而推动智能金融爆发式的发展。本节主要从智能资产配置、智能客服、智能身份识别等方面介绍国内外智能金融的发展现状。

（1）智能资产配置（智能投顾）

国外方面，2008年金融危机过后，美国以Betterment、Wealthfront和Personal Capital为代表的智能投顾创业公司成长起来，传统金融机构如Vanguard和Charles Schwab也开始进入智能资产配置的布局中。受益于人口结构变化、人工智能技术发展和监管法规等因素，美国智能投顾的资产规模自2010年以来，其复合增长率已超过80%。2014年底，美国智能投顾已经具有140亿美元的资产管理规模，到2017年末有望达到千亿美元。

国内方面，2014年底智能投顾概念开始引入我国。2015年，独立创新公司、互联网公司和传统金融机构纷纷效仿国外的先进经验和模式，开始大规模向智能投顾领域进军。2016年，随着AlphaGo的出现和热议，国内掀起了智能投顾研究的热潮。目前，我国智能投顾还处于起步阶段，但已经陆续有公司推出或者正在研究智能投顾产品，目前已达几十家（见表1-5）。它们或是借鉴国外的相关经验开发全新的智能投顾平台，或是依据自身的产品资源和客户优势发展各具特色的智能财富管理业务。

表 1-5 国内智能投顾典型公司及产品

类型	公司（产品）
独立创新平台	财鱼管家、弥财、财鲸、聚爱财（资产管家）、蓝海智投、雪球（蛋定投、蛋卷基金）、理财魔方等
互联网公司	同花顺（iFinD）、百度（百度股市通）、京东（京东智投）、宜信（投米RA）等
传统金融机构	嘉实基金（金贝塔）、平安集团（平安一账通）、华泰证券（Assetmark）、广发证券（贝塔牛）、招商银行（摩羯智投）、浦发银行（财智机器人）等

当前国内智能投顾管理资产约60亿美元，其中，摩羯智投约占一半。国内已有包括平安一账通、百度股市通、蚂蚁聚宝、璇玑智投、宜信、真融宝等超过50家背景各异的公司推出智能投顾服务，其中第三方财富管理公司、原股票配资或炒股软件公司、互联网金融平台占大多数。但是，总体来看，目前国内的智能投顾还不够成熟，缺乏一个有效而成熟的市场基础及环境。

（2）智能客服

智能客服高度融合智能、传感、网络、云计算等创新技术，与移动互联网的新业态、新模式相结合，能够及时、便捷、高效地实现金融产品和服务的介绍与匹配，提供问题解答等业务。

放眼全球，智能客服已经相当普遍，以 Zendesk 公司为主要代表的美国智能客服平台企业占据了全球一半以上的市场份额。国外智能客服是以 SaaS 云客服的形式向用户提供服务，国内称之为移动客服、互联网客服。思科 VNI 移动 2015 报告预测：仅 2017—2019 两年的时间，移动数据流量通过云计算、SaaS 方案解决将从 81%跳转到 90%。

聚焦国内，目前移动智能客服市场主要分为三类：一是企业自建智能客服平台，如蚂蚁金服的远程服务。早在 2015 年“双 11”期间，蚂蚁金服 95%的远程智能客服已经由大数据智能机器人完成，同时实现了 100%的自动语音识别，整体服务的客服人数超过 500 万人次。当用户进入支付宝“我的客服”，智能客服更是会主动“猜”出用户可能问的问题。二是使用自建平台同时开放给第三方使用，如京东 JIMI 智能客服机器人。三是第三方平台，如环信、网易七鱼、易米云通、Udesk 等。此外，传统金融机构也在智能客服领域布局，国内首款全智能客服机器人“娇娇”整合了语音识别、语音合成、自言语音理解技术甚至图像、人脸和声纹等人工智能技术，目前已经在常州、无锡和成都等 20 多个城市的银行上岗。作为实体机器人，“娇娇”采用语音识别和人脸识别技术，可以进行人机语音交流，还可以识别熟悉客户，在网点进行客户指引、介绍银行的各类业务等（见图 1-6）；平安银行推出的平安天下通 App 利用人脸识别技术进行远程身份认证，用户根据系统提示，完成指定动作识别，即可进行 App 解锁、刷脸支付以及刷脸贷款等。

姓名：娇娇

市场定位：公共场所的客户服务、市场宣传和广告推广等。

主要服务场所：银行大堂、百货商场、酒店、餐厅、科技馆、博物馆、图书馆 、展览馆、政务服务大厅等场所。

作用：智能化地引导分流、业务咨询、商品销售、市场宣传和物业互动等服务。以机器人硬件为载体，依托“云平台”“大数据”等技术手段，实现“能听、会说、能思考、会判断、看得见、认得出”。

图 1-6　国内首款全智能客服机器人“娇娇”

（3）智能身份识别

智能身份识别是指以人工智能为核心，通过图像识别、指纹识别、声纹识别和 OCR 识别等技术手段，快速、准确地核实用户的身份信息。目前，国内智能身份识别技术相对发展较快，支付宝中基于深度学习的证件审核系统，能够使支付宝用户的证件校核时间从 1 天缩短到 1 秒，同时还提升了 30%的通过率。此外，支付宝、京东钱包、百度钱包等第三方支付平台也开启了指纹支付方式，改变了支付过程中需要输入口令密码的传统支付确认方式；平安集团在指定银行区域运用相关识别系统进行整体监控，识别陌生人、可疑人员和可疑行为，提升银行物理区域的安全性。该套系统还能识别银行 VIP 客户，实现个性化服务。

（4）金融基础设施

在金融基础设施方面，金融基础设施落后、效率低下和运维成本高昂一直是金融机构亟待解决的问题。智能金融有效地将金融与科技相融合，带动了 IT 建设服务提供商的涌现，比如金融机构 ERP、结算系统、风控系统等金融基础设施建设服务效率提升也指日可待。现阶段的金融基础设施主要分为 IT 基础供应商，如东软、中软、神州数码、SAP、Oracle 等。以及近几年出现的新兴 SaaS（软件即服务）和云服务，如阿里云、大易和亚马逊等。2016 年底，金融界发布 Z3 智能金融超级引擎，以智能投顾、智慧观点为核心，旨在帮助亿万投资者更方便、轻松地打理资产，实现资产的保值增值。

（5）电子货币

即数字货币，它不能完全等同于虚拟世界中的虚拟货币，因为它经常被用于真实的商品和服务交易，而不仅局限在网络游戏等虚拟空间中。目前，中央银行不承认也不发行数字货币，数字货币也不一定要有基准货币。目前，互联网上存在的电子货币主要有以下几种，其中以比特币最为流行。

比特币（Bitcoin）：2008 年 11 月 1 日，一个自称中本聪（Satoshi Nakamoto）的人在一个隐秘的密码学评论组上贴出了一篇研讨陈述，陈述了他对电子货币的新设想——比特币就此面世。2013 年 10 月因价格暴涨在全世界引起关注。

狗币（Dogecoin）：也叫狗狗币，诞生于 2013 年 12 月 8 日，是由一位澳大利亚的品牌与市场营销专家和一位美国俄勒冈州波特兰市的程序员联手创造，此二人素昧平生，却成功地将最火爆的两种产品：比特币和狗狗结合在了一起，结果 Dogecoin 就诞生了。狗币市值是 6700 万美元，供应量是每年 52 亿美元至 1000 亿美元，相关币种还有熊猫币、猫币、鸭鸭币等。

以太币（ETH）：是以太坊（Ethereum）的一种数字代币，被视为“比特币 2.0 版”，采用与比特币不同的区块链技术“以太坊”（Ethereum），开发者们需要支付以太币（ETH）来支撑应用的运行。和其他数字货币一样，可以在交易平台上进行买卖。

莱特币（Litecoin）：是一种基于“点对点”（Peer-to-Peer）技术的网络货币，也是 MIT/X11 许可下的一个开源软件项目。它可以帮助用户即时付款给世界上任何一个人。莱特币旨在改进比特币，与其相比，莱特币具有三种显著特点。第一，莱特币网络每 2.5 分钟（而不是 10 分钟）就可以处理一个区块，因此可以提供更快的交易确认。第二，莱特币网络预期产出 8400 万个莱特币，是比特币网络发行货币量的四倍之多。第三，莱特币在其工作量证明算法中使用了由 Colin Percival 首次提出的 Scrypt 加密算法，这使得相比于比特币，在普通计算机上进行莱特币挖掘更为容易。每一个莱特币被分成 1 亿个更小的单位，通过八位小数来界定。

恒星币（Stellar）：一个由前瑞波币（Ripple）创始人 Jed McCaleb 发起的数字货币项目，用于搭建一个数字货币与法定货币之间传输的去中心化网关。

无限币（IFC）：发布于 2013 年 6 月 5 日。基于 Scrypt/Pow 算法，30 秒生成一个区块，最初的区块每块中有 524288 枚无限币，之后每生成 86400 个区块，区块内的币数量减半，共计约 906 亿枚。挖矿难度每小时调整一次。无限币是一个新兴数字货币，相较于比特币更具流通优势，填补了比特币在商业流通、促进商业运转等领域的短板。在加密电子货币领域，有一句流行语：“Bitcoin is Gold，Litecoin is Silver，Infinitecoin is Copper”，意为“比特金，莱特银，无限铜”。

1.2.4 智能金融的未来发展

经过几年的发展，全球智能金融的创业和投资热潮不断升温，智能金融已经从边缘转向主流，未来发展潜力巨大，前景光明。大数据、区块链等新技术的运用正在改变金融行业的生态格局，传统金融机构和科技公司都将参与其中。从全球智能金融的发展方向来看，智能金融的发展主要有以下几个趋势。

1.2.4.1 普惠金融

在传统的金融时代，对于许多偏远贫穷地区的消费者，以及一些中、小型企业而言，他们在面临危机时都难以得到有效的资金援助。除此之外，传统金融产品高起点的投资门槛将许多个体消费者拒之门外。但如今，借助智能化、网络化的新技术，智能金融能完美解决以上问题。2005年联合国提出普惠金融（Inclusive Finance）的概念，是指以可负担的成本为有金融服务需求的社会各阶层和群体提供适当、有效的金融服务，重点服务于微小企业、农民、城镇低收入人群等弱势群体，智能金融能够遍及所有偏远地区，助力广大微小型企业的成长，缓解其融资难、融资贵等问题。同时，智能金融利用互联网、云数据等技术能允许多用户对同一投资项目进行投资并且不收取任何中间费用，相当于变相降低投资门槛，让金融产品真正惠及大众。随着数字技术的进步和智能金融的发展，普惠金融领域能够更精准、更低成本、更便利、更高效地覆盖更多人群，引导涉农金融机构提供网络化、电子化的各项普惠服务，使普惠金融“最后一公里”的难题得到有效解决。智能金融利用数字技术推动普惠金融发展，促进无法获得和缺乏金融服务的群体（如偏远贫困山区的群众）获取和使用数字金融服务。如在我国的福建宁德三都澳海域，以前人们都是白天去镇上排队取钱，晚上再拿钱来进行渔业交易。现在只要用手机从银行的App转账，一两分钟就能完成交易，极大地提高了渔区金融支付水平。截至2017年10月末，宁德环三都澳地区手机支付用户达到203.36万户，2017年1月至10月，该地区通过“海上移动银行”共办理业务1.25亿笔，金额2804.17亿元；在浙江宁波，数字化的助农金融服务点已实现全覆盖，通过由银行提供的一台数字化设备，在店里就能转账、查询余额、缴纳水电费等，村民们可以做到“基本金融不出村、综合服务不出镇”。目前，宁波市 2273 个行政村已设立了 3203 个此类服务点。

1.2.4.2 绿色金融

绿色金融有两层含义：一是金融业如何促进环保和经济社会的可持续发展，二是指金融业自身的可持续发展。前者是指引导资金流向节约资源技术开发和生态环境保护产业，引导企业生产注重绿色环保，引导消费者形成绿色消费理念；后者则明确金融业要保持可持续发展，避免注重短期利益的过度投机行为。

1.2.4.3 新技术应用

智能金融中机器学习与神经网络技术，使机器能够通过数据的分析处理去自动构建、完善模型，提前判断事务变化趋势和规律，并提前做出相应的决策，促进金融业的可持续发展。

一是使用深度学习技术，学习海量金融交易数据，从金融数据中自动发现模式，如分析信用卡数据，识别欺诈交易，预测交易变化趋势，提前做出相应对策。

二是基于机器学习技术构建金融知识图谱，基于大数据的风控需要对不同来源的数据进行整合，检测发现数据当中的不一致性，分析企业的上下游、合作方、竞争对手、子母公司、投资、对标等关系，主动发现并识别风险。

三是借助机器学习，通过数据筛选、建模和预测对融资企业或个人信用打分；通过提取个人及企业在其主页、社交媒体上的数据，判断企业或其产品在社会中的影响力和产品评价，并通过数据分析和模型预测投资的风险点。实现在放贷过程中对借款人还贷能力进行实时监控，从而及时对后续可能无法还贷的人进行事前的干预，以减少因坏账而带来的损失。

四是运用人工智能技术，采用多层神经网络，使智能投顾系统可以实时采集各种经济数据指标，不断进行学习，实现大批量、定制化的投顾方案，把财富管理的服务门槛降到普通家庭即可负担。

1.2.4.4 金融安全

随着智能金融的广泛应用，金融产业生态发生深刻变革，以互联网金融为代表的金融服务模式创新层出不穷。传统模式中事后的、手动的、基于传统结构性数据的监管范式已不能满足智能金融新业态的监管需求，以降低合规成本、有效防范金融风险为目标的监管科技（Regtech）正在成为智能金融的重要组成部分。云计算技术发展已经进入成熟期，智能金融的云应用也正在向更加核心和关键的“深水区”迈进。通过使用 OpenStack 等开源云计算技术、上层 PaaS 能力、SaaS 能力实现金融业务和商业解决方案能力，可以有效促进金融业务水平的提升。

智能金融利用监管科技，促进金融安全、改善金融风险防范。一方面金融监管机构能够更加精准、快捷、高效地完成合规性审核，减少人力支出，实现对于金融市场变化的实时把控，进行监管政策和风险防范的动态匹配调整。另一方面金融从业机构能够无缝对接监管政策，及时自测与核查经营行为，完成风险的主动识别与控制，有效降低合规成本，增强合规能力。可以预见，未来 1~3 年监管科技将依托于监管机构的管理需求和从业结构的合规需求，进入快速发展阶段，成为智能金融应用的爆发点。

例如，智能金融中的计算机视觉与生物特征识别技术，让机器可以更准确地识别人的身份与行为，对于帮助金融机构识别客户和安全监控都具有很大的便利。一是可以利用网点和 ATM 摄像头，增加人像识别功能，提前识别发现可疑人员、提示可疑行为动作，也可以帮助识别 VIP 客户。二是可以利用网点柜台内部摄像头，增加对员工可疑行为识别监控，记录并标记疑似违规交易，并提醒后台监控人员进一步分析，起到警示作用。三是可以在银行内部核心区域（如数据中心机房、金库等）增加人像识别摄像头，人员进出必须通过人脸识别及证件校验，同时对于所有进出人员进行人像登记，防止陌生人尾随进出相关区域，实现智能识别，达成安全防范的目标。

根据全球市场动向来看，智能金融的发展主要有以下几个特点。

（1）行业去泡沫化

随着智能金融公司越来越多，资本市场对该领域愈加了解，投资人将不再进行广泛投资，而是集中投资于该领域的佼佼者。在未来市场，那些仅想凭借智能金融这个概念就获得投资的泡沫平台企业，其成功的概率将会越来越小。只有那些已经开发出成熟的产品，并且获得消费者认可的公司才能获得资本的青睐。同时，伴随着竞争的日益激烈，那些小公司会逐渐被大公司吞并，市场将会出现区域龙头割据的局面。

（2）金融去中心化

目前来看，智能金融有两大优势：数据和科技。借助这两者的驱动，智能性、便捷性、低成本成为智能金融变革传统金融的切入点，使得传统金融行业“去中心化”，将资产方和投资方直接联系起来，也为金融行业在未来的发展中带来更多机遇。在国外，摩根大通已加强同智能金融公司的项目合作。在我国，基于数据和科技的京东金融和蚂蚁金服已经获得了巨大的用户群体，具备了获取各种不同维度数据源的能力，也具备了对这些用户数据进行分析处理并应用的能力，符合智能金融企业的发展趋势。传统金融机构也在创新、变革自身的经营模式，成为智能金融的主力军之一。

（3）服务智能化

技术和服务是智能金融企业产品的核心。随着市场的成熟，智能金融公司的市场扩张方式将从对现有产品的渗透，转化为通过不断创造推出新的产品，完成与现有产品的整合，依靠更先进更完善的技术，实现产品和服务之间迅速、智能的无缝连接。预计未来智能金融将成为金融服务的主流形态之一，并走向差异化、专业化。在个人消费、征信、资产匹配和产品推荐等方面，能够根据每位用户的身份信息、风险态度等分别做出个性化的定制，通过资产组合理论相关的算法来搭建数据模型和后台算法，为投资者提供智能化和自动化的资产配置建议，实现“一千个用户有一千种资产配置的建议”。

(4) 交易安全化

作为智能金融重要的技术支撑，智能身份识别技术、区块链技术的发展使得未来金融交易过程更加安全有效。一方面，智能识别技术通过活体识别、图像识别、声纹识别、OCR 识别等技术手段对用户身份进行验证，大幅降低核验成本，提高了核验的准确性，使得用户自身资产安全更有保障；并且金融机构和金融企业也能够全面而准确地评估每一位客户和每一个客户群的资产和负债状况，在有效降低金融系统风险的同时，预防欺诈、洗钱或有组织的犯罪等违法行为。另一方面，区块链技术可以降低信任的风险，每一个数据节点都可以验证账本内容和记录历史，提高了系统的可追责性，降低了系统的信任风险，而且具有灵活的架构。区块链技术也可以降低金融机构的运作成本，实现共享金融的效果。

智能金融目前仍旧不够成熟，相关技术的发展、金融监管等仍然有待完善。短期内，尤其在中国，至今智能金融还处于刚刚起步的状态。由于客户对资产配置和智能金融的认知度和接受度不高，以及国内资本市场的特殊性，智能金融的发展还会有一段非常艰难的路要走。在这个漫长而艰巨的发展过程中，智能金融还会有很多困难和挑战。但是，智能金融能够大大降低金融服务的成本，使得大众投资者有机会享受到个性化的私人投资策略和理财服务。从长远角度来看，智能金融发展的趋势是更智能、更精确、更高效、更贴近个人需求，将会成为未来金融服务的主流方式之一，未来的发展潜力巨大。

1.3 智能金融的应用领域

李开复曾经指出，人工智能最好的应用领域之一是金融领域，因为金融领域是唯一纯数字领域。金融领域是最无摩擦的领域，无论是研究股票、保险、债券等产品，还是研究银行、企业等机构，其只有货币资金的往来，并没有生产、仓库和物流，一切都是可以计算的。因此，人工智能技术在金融领域内的应用最便捷，其应用范围也十分广泛，下面简要介绍智能金融的几个应用领域（见图 1-7）。

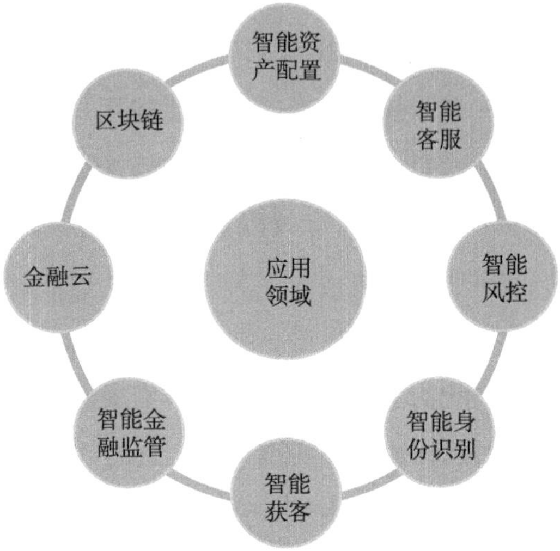

图 1-7　智能金融的应用领域

1.3.1　智能资产配置

智能资产配置是指借助移动互联网和云计算技术，向所有用户提供智能投资管理服务。该投资管理服务的主要内容包括三个方面：

（1）智能筛选资产，即使用成熟的金融产品筛选模型，为用户选择最合适的金融产品。

（2）智能定制组合，即结合成熟的金融理论和先进的人工智能技术匹配用户的需求，为用户定制投资组合。

（3）智能跟踪调仓，即结合金融模型与大数据技术为用户监控市场，时刻保持最优资产配置。

智能资产配置有三大特点。

第一，智能资产配置使用的是基于人工智能算法的分析方法。基于大量用户使用特征以及相关服务的数据之上，使用人工智能算法对用户及市场相关信息进行分析建模，精准地把握市场动向以及用户需求。

第二，智能资产配置提供的服务质量远高于传统的资产配置途径。人工智能技术无疑是最先进的分析技术，在海量信息的大数据时代，只有依靠人工智能技术进而对大数据进行深刻地分析，获得的信息才是最有价值的。

第三，智能资产配置能够为用户提供个性化的定制服务。智能资产配置会通过问卷调查、历史数据分析等形式，了解用户的人力资本、家庭现金流、流动性需求、投资规模、行为模式等方面的信息，并据此评估投资者的投资需求和风险承受能力，从而为用户提供个性化的资产配置组合。

1.3.2 智能客服

智能客服是指利用语音识别技术、自然语言处理技术、大规模知识处理技术、自动问答技术等人工智能相关技术进行客户服务。对外，智能客服包括电话、网页、微信、短信及 App 等在内的多模式客户服务通道；对内，智能客服可以实现语音分析、客服助理等商业智能功能。具体来说，智能客服功能多种多样，例如通过电话客服渠道、网上客服、App、短信、微信以及智能机器人终端与客户进行语音或文本的互动交流，理解客户业务需求，语音回复客户提出的业务咨询，并能根据客户语音导航至指定业务模块；对传统按键式菜单进行改造，用户使用自然语音与系统交互，实现菜单扁平化，提升用户满意度，减轻人工服务压力，降低运营成本；客服助理通过实时语音识别，实时语义理解，掌握客户需求，自动推送客户特征、知识库等内容；电话客服不再受限于菜单，可开展全业务的语音导航服务；智能客服还可以借助微信、微博等平台，推出语音问答系统，打造个人金融助理形象。

此外，智能客服还可以与语音、语义技术结合，实现数据挖掘功能。基于语音和语义技术，可自动将电话银行海量通话和各种用户单据内容结构化，打上各类标签，挖掘分析有价值信息，为服务与营销等提供数据与决策支持。语音语义分析自动给出重点信息聚类，联想数据集合关联性，检索关键词，并汇总热词，发现最新的市场机遇和客户关注热点。同时，根据金融行业客服与客户的通话情况，可进行业务咨询热点问题梳理统计，由机器进行自动学习，梳理生成知识问答库，并作为后续机器自动回复客户问题的参考依据。

1.3.3 智能风控

智能风控，即智能风险控制，是指利用人工智能、大数据等相关技术进行风险控制和风险提示。传统的风控技术，多由各机构自己的风控团队，以人工的方式进行经验控制。随着互联网技术的不断发展，以大数据为核心的智能风控更加科学有效。随着大数据解决方案的普及，智能风控已经可以收集更多维度的数据来进行更精细的用户画像，包括一些行业数据、用户的互联网浏览数据、司法执行数据、第三方信用数据、出行数据、电商平台的交易数据、电话通信数据和社交数据。如何利用好这些维度很高的数据，需要一个智能的解决方案。因为这些数据大多是非结构化的数据，可能来自邮件、视频、文本、语音、点击浏览行为、社交网络等多种渠道。数据的量级和清洗是一个重要的环节。在此之上人工智能可以带给我们大量自动的规则学习，同时带给我们更加强大的表达能力，而不仅仅是一些线性模型。当我们加入更多数据的时候，关于人的描述已经上升到更高维度的空间中，这时，我们就需要表达能力更强的模型，比如GBDT 的模型，有几千个有权重的子树，比如深度学习网络，多层的神经元通过加工，自动抽取最优组合。总的来说，人工智能对这些数据的处理不但更加迅速，而且可以挖掘出更加有效的特征。举例来说，一个传统的贷款业务可能需要 2~3 天来审批，而一个基于人工智能模型的自动审批方案可能只需要几秒钟就可以完成。传统风控模型的迭代周期较长，可能要数个月甚至数年，但是人工智能极大简化了这个过程，同时大大提高模型验证和迭代的速度，提高了效率。

1.3.4 智能身份识别

身份识别指金融机构在与用户建立业务关系或与其进行交易时，应当根据法定的有效身份证件或其他身份证明文件，确认用户的真实身份，同时，了解客户的职业情况或经营背景、交易目的、交易性质以及资金来源等。智能身份识别是指以人工智能为内核，通过活体识别、图像识别、声纹识别、光学字符识别（Optical Character Recognition，OCR）等技术手段，对用户身份进行验证，大幅降低核验成本的同时，也大大提高了核验的准确性。用户身份识别意义重大，对用户本身来说，准确有效的身份识别可以保障自身资产安全；对于金融机构或金融企业来说，通过建立有效的客户身份识别系统，可以全面而准确地评估每一位客户和每一个客户群的资产和负债状况，由此有效地降低风险；对于整个金融行业而言，通过智能身份识别系统监测客户的账目和交易状况，可以有效地预防欺诈、洗钱或有组织的犯罪等违法行为。随着科学技术的不断发展，犯罪分子伪造身份的手段层出不穷，传统的身份识别手段已经难以做出准确有效的判断，此时，智能身份识别的重要性就不言而喻了。

1.3.5 智能获客

智能获客，即通过智能技术手段获取客户。一般来说，评价获客的效益包括三个方面：获客成本、获客渠道和获客效率。

获客成本对于所有企业来说都是十分重要的事情，对于创业公司来说更是事关生死。目前市场上的获客单价较高、获客频次较低、竞争对手越来越多、流量越来越少，越来越高的获客成本对于目前的互联网、教育等热门行业来说，都是企业发展的难题。

从获客渠道上来说，如果仅通过资本去购买流量，那么互联网金融、在线教育以及在线医疗等行业的发展就成为流量买卖的生意，企业发展就成了资本游戏。

此外，通过资本获得的客户往往有效性不高，可能会成为“僵尸粉”。而智能获客一方面通过人工智能技术，依托大数据，对金融用户进行画像，通过需求响应模型，极大提升获客效率；另一方面可以通过人工智能技术，进行场景创新，将产品与运营相结合，形成了一个低成本的获客渠道。

举例来说，Facewin 把人脸识别的技术应用于医疗美容场景，用户在整形前，可以通过人脸识别技术挑选自己希望拥有的形象。也就是说，用户术前就可以看到术后的样子，以此来确定自己的方案。此外 Facewin 还加入明星的娱乐元素，用户可以不断地尝试组合各种变脸元素，比如用某明星的眼睛、鼻子或者嘴唇等模型模拟整形后的样子，对于真心想改变自己形象的用户来说，这无疑是刚需。另外，还可以通过人工智能的小游戏，比如通过“变脸”技术，把自己的五官美化后与明星照片组合成结婚照，让年轻的用户有跟明星在一起的代入感，这些功能特别受女性用户的喜欢。

1.3.6　智能金融监管

智能金融监管是指作为市场管理者和组织者的监管部门利用金融科技手段对金融市场进行监管，提升监管效能，维护市场稳定运行。智能金融监管以大数据为核心，改变传统金融监管的手段，建立金融监管的新模式。智能金融监管模式利用现代信息和网络技术，建立各监管业务条件之间、各市场之间的信息关联，实现跨交易所、跨境、跨账户的交易运行监控，努力提高监管工作的信息化水平，提升违法违规线索的发现能力。在进一步整合全市场数据的基础上，利用大数据技术深挖数据金矿，搭建能够模拟市场环境的计算实验平台，增强对市场走势和市场主体行为的预判能力，对监管业务和流程进行集中的再造，真正实现“人在做，云在看”。在分析研究的基础上，基于金融理论的分析和大数据的优势，探寻、验证甚至创立我国资本市场有关理论和方法，构建资本市场运行及系统性风险，监控监测指标体系，开展政策效果的检验和评估，努力成为市场决策者的智囊。

目前，境外监管机构正在积极引入人工智能技术，提升发现违法违规交易的准确率，同时能够识别出新的违法违规行为。例如，美国金融监管局正在开发智能监管系统，无须预先编程输入已知的知识或答案，就可以更快速、准确地理解哪些情况需要预警，机器通过自学判断交易模式类型，最终确定是否需要执法机关介入，从而正确标记违规行为，甚至包括此前从未发现的违规方式。美国证监会正引入机器学习的方法预测投资者行为，评估市场风险，发现潜在的欺诈和监管部门的渎职。国内机构也正在积极地借鉴境外的监管经验，尝试利用大数据对投资者和上市公司进行画像，便于进行更有效的行为分类监管。刻画金融机构间的网络拓扑结构，以掌握风险传导路径，并进行压力测试。利用数据挖掘的方法，开发交易监察模型，提高对新型市场操作行为的识别能力。

1.3.7 金融云

金融云，就是利用云计算的一些运算和服务优势，将金融业的数据、客户、流程、服务及价值通过数据中心、客户端等技术手段分散到“云”中，以改善系统体验，提升运算能力、重组数据价值，为客户提供更高水平的金融服务，并同时达到降低运行成本的目的。下文以阿里金融云为例，介绍金融云服务的三大特点。

第一，金融云具有独立建设的金融数据中心。金融客户对数据中心的安全及合规性有着较高的要求，阿里云为此单独建立了满足金融客户需求的数据中心。该数据处理中心承载着金融系统的存储和计算负荷，因此，数据处理中心必须具备海量数据存储能力及大规模数据处理能力。金融数据中心在物理资源层面能够提供支撑金融客户所需的存储和计算能力。

第二，金融云具有强大的云计算平台。阿里在金融云物理集群之上，部署了自主开发的云操作系统——飞天大规模分布式计算平台（下文简称“飞天”），有效地为上层云计算应用提供高性能、高可靠度的计算和存储服务。“飞天”的主要模块包括：资源管理、安全管理、远程过程调用等构建分布式系统常用的底层服务；分布式文件系统；任务调度；集群部署和监控。飞天大规模分布式计算平台是阿里云云计算服务的基础，也是大规模云计算系统的基础，相对于目前的虚拟化技术，“飞天”不依赖于集中存储等专用设备，硬件投入较低，扩展性和兼容性较好。“飞天”通过分布式的调度和数据冗余来提高数据的可靠性和服务的可用性，相对于完全依赖硬件的虚拟化技术而言，更加的可靠可信。

第三，金融云能提供多样的金融云平台服务。阿里云提供的云计算架构下的负载均衡服务不但可以帮助金融客户完成集群化的部署，其完善的健康检查机制也可以提高金融系统的可用性；基于阿里云虚拟弹性计算服务系统上的云服务器，可以根据用户的需求动态来创建和分配计算资源与存储资源，满足用户多样化的计算和存储需求。云服务器还包括：云盾、云监控等附加服务，云盾是阿里云安全团队自主研发的安全产品，可以自动帮助用户抵御网络攻击，排查网络安全漏洞。云监控提供了完善的监控指标，为客户提供全面的系统运行信息，并且对于主要的指标，可以设置告警。一旦超越阈值，系统会自动通知用户。

1.3.8 区块链

从技术角度看，区块链是在点对点（P2P）网络上构建的分布式数据库系统，利用非对称加密算法进行加密的每个数据存储单元被称为区块，区块与区块之间按照时间顺序相连形成的链接，称为区块链。从货币学角度看，区块链是数字货币的分布式共享账本系统，一段时间内的账务交易信息被加密打包成一个区块，盖上时间戳，一个个区块顺序链接形成一个账本，这是一个去中心化的、网内用户共同维护的账本系统。从互联网经济角度看，区块链是网络空间中各类互联网资产的分布式管理系统，一段时间内任何数字化、智能化的资产注册、存储和交易信息被加密打包成区块，一个个区块相互链接形成了分布式资产管理系统。

区块链是一个伟大发明，它具有符合智能金融时代的一些基本特征。

一是共享开放，区块链系统对所有参与者开放，所有参与者都享有知情权，人人平等地享有区块链信息。

二是去中心化，没有一个第三方机构来记录、管理和维护总账，网内所有用户共同争取记账权，共同来进行账务处理。

三是去信任，区块链本身是被网内所有用户共同信任的，不再需要收支双方共同信任的第三方机构来做保障。

四是真实完整，每一个交易数据都被真实、完整地记录在区块里。

五是安全可靠，区块链利用密码学和复杂的校验机制保持了数据的完整性、连续性和一致性。

区块链在数字金融资产中的应用可以分为三个阶段，第一阶段是加密的数字货币；第二阶段是数字化的股票、债券、期货、贷款、智能资产和智能合约等数字金融资产的应用；第三阶段是在政府、健康、能源、制造、供应链等各个方面的数字化资产的应用。

目前，区块链应用正处于第一阶段向第二阶段推进中，未来一段时间内，区块链技术将被广泛应用于金融领域。瑞士联合银行在伦敦建立了一个区块链技术实验室，在区块链上试验了 20 多项金融创新应用，包括金融市场交易、支付结算和发行智能债券，等等。花旗银行在内部尝试了三个不同的区块链分布式账本系统，以探索如何利用这项技术进行更加有效的价值转移，实现资金在国家之间的流通。

1.4 理论与技术基础

理财市场是有经验的人获得更多金钱，有金钱的人获得更多经验的地方！

——朱尔

1.4.1 现代金融理论基础

智能金融的特点是以人工智能、大数据、云计算等信息技术为支撑，更加方便快捷、智能有效地提供金融产品和服务。在智能选择资产组合、根据投资者特点匹配资产组合时离不开金融理论作为基础。

1.4.1.1 现代资产组合理论

现代资产组合理论（Modern Portfolio Theory，MPT），也称为现代证券投资组合理论、投资组合理论、证券组合理论或投资分散理论。现代资产组合理论有狭义和广义之分：狭义的现代资产组合理论指的是马科维茨的投资组合理论；而广义的现代资产组合理论除了经典的投资组合理论以及该理论的扩展理论外，还包括由资本资产定价模型和证券市场的有效市场理论构成的资本市场理论。

（1）马科维茨投资组合理论及拓展

美国经济学家哈里·马科维茨（Markowits）于1952年首次提出和创立投资组合理论（Portfolio Theory），并将概率论和线性代数的方法应用于证券投资组合的研究中，进而阐述投资者对于投资活动所最关注的问题是预期收益和预期风险的关系，主要是针对化解投资风险的可能性，“不要把所有的鸡蛋放在一个篮子里”就是多元化投资组合的最佳比喻。

该理论包含了两个重要内容：“均值—方差”分析方法和投资组合有效边界模型。“均值—方差”分析方法是指用均值和方差来衡量不确定情况下的投资收益和风险。均值是指投资组合的期望收益率，是以投资比例为权重的证券期望收益率的加权平均值，用来衡量投资收益。方差是指投资组合收益率的方差，被称为波动率的标准差用来衡量投资风险；投资组合有效边界模型是指最佳投资组合应当是具有风险厌恶特征的投资者的无差异曲线和资产的有效边界线的交点。

马科维茨的投资组合理论假设：

①市场是有效的，投资者能够免费并且同时得知市场上多种证券收益

和风险的变动及变动原因。

②投资者是风险厌恶的。投资者总是希望财富越多越好，在其他条件相同时，会选择具有较高预期收益率的资产组合。同时，其他条件相同时，会选择具有较小标准差的资产组合，如果要承担较大的风险则必须有较高的预期收益作为补偿。

③投资者以期望收益率和方差（或标准差）来评价单个证券或证券组合的收益和风险。

④投资者总是希望持有有效资产组合，即同一风险水平下，选择收益率较高的资产组合；同一收益率水平下，选择风险较低的资产组合，等等。

根据资产组合理论，构建一个完整的投资过程一般有投资决策和融资决策两个步骤，即所谓的分离定理：第一步为投资决策，确定各类投资工具的收益风险特征，建立并确定包含风险资产和无风险资产的最优风险资产组合或市场组合；第二步为融资决策，根据自身风险偏好，在资本市场线上选择一个有无风险资产与市场组合构造的资产组合，该资产组合要求是投资者的效用满足程度最高，即无差异曲线和资产资本市场线的切点。

（2）资本市场理论

资本市场理论由资本资产定价模型（Capital Asset Pricing Model，CAPM）和有效市场假说（Efficient Markets Hypothesis，EMH）组成，该理论的产生使关于金融问题的分析实现了从定性到定量的转变，标志着分析金融学走向成熟。

①资本资产定价模型（CAPM），是在马科维茨投资组合理论的基础上，由威廉·夏普（William Sharpe）、约翰·林特纳（John Lintner）和简·莫辛（Jan Mossin）分别独立提出的。威廉·夏普在马科维茨的基础上提出了单指数模型，并提出以对角线模式来简化方差—协方差矩阵中的非对角线元素。他据此建立了资本资产定价模型（CAPM），指出无风险资产收益率与有效率风险资产组合收益率之间的连线代表了各种风险偏好的

投资者组合。根据上述理论，投资者在追求收益和厌恶风险的驱动下，会根据组合风险收益的变化调整资产组合的构成，进而会影响到市场均衡价格的形成。

资本资产定价模型有许多前提性的假设条件，主要包括对市场的完善性和环境的无摩擦性，在马科维茨投资组合理论的假设基础上还包括：投资者可按照相同的无风险利率无限制地借入或贷出资金；每种资产无限可分，在任何一个投资组合里可以含有非整数份的资产；税收和交易费用可以忽略不计；对于所有投资者来说，投资期限、无风险利率都相同；所有投资者具有相同的预期，即对各种资产的预期收益率、标准差和资产之间的协方差具有相同的预期值，等等。

资本资产定价模型指出，由风险资产构成的资产组合的总风险只与各项资产与市场组合的风险相关性（各项资产的收益率与市场组合收益率之间的协方差）有关，与各项资产本身的风险（各项资产的收益率的方差）无关。也就是说，在投资者心中，如果 σ_{iM} 越大，则第 i 项资产对市场组合的风险的影响越大，在市场均衡时，应该得到的风险补偿就越大。于是得出以下的证券市场线（SML-Security Market Line）公式：

$$E(R_i)=R_f+\frac{E(R_M)-R_f}{\sigma_M^2}\sigma_{iM}$$

当资本市场达到均衡时，风险的边际价格是不变的，任何改变市场组合的投资所带来的边际效果是相同的，即增加一个单位的风险所得到的补偿是相同的。根据 Beta 系数的定义，可以得到资本资产定价模型：

$$E(R_i)=R_f+\beta_{iM}[E(R_M)-R_f]$$

根据资本资产定价模型，我们可以发现：单个证券的期望收益率由两个部分组成，无风险利率以及对所承担风险的补偿（风险溢价）；风险溢价的大小取决于 β 值的大小；β 值越高，表明单个证券的风险越高，所得到的补偿也就越高；β 度量单个证券的系统风险，非系统性风险没有风险补偿。

资本资产定价模型主要应用于资产估值、资产配置、评估经营业绩以及资金成本预算等方面。其中，在资产估值方面，资本资产定价模型通过比较均衡的期初价格和实际市场价格，进而判断证券是否被市场错误定价；在资产配置方面，根据对市场走势的预测，投资者利用资本资产定价模型来选择具有不同 β 系数的证券或组合以获得较高收益或规避市场风险；在评估经营业绩方面，投资基金实际运作中，经理人员往往只经营熟悉的若干种有价证券，而不是经营一个市场组合。因此，证券市场线可以用来评估他们的经营业绩。

②有效市场假说（Efficient Markets Hypothesis，EMH），始于 1965 年美国芝加哥大学教授尤金·法玛发表的《证券市场价格行为》的论文，并由尤金·法玛（Eugene Fama）于 1970 年深化并提出的。

法玛认为，在资本市场上，如果证券价格能够充分而准确地反映全部相关信息，便称其为有效率。也就是说，如果证券价格不会因为向所有的证券市场参加者公开了有关信息而受到影响，那么，就说市场对信息的反映是有效率的。对信息反映有效率意味着以该信息为基础的证券交易不可能获取超常利润。有效市场理论实际上涉及两个关键问题：一是关于信息和证券价格之间的关系，即信息的变化会如何影响价格的变动；二是不同的信息（种类）会对证券价格产生怎样的不同影响。法玛还定义了与证券价格相关的三种类型的信息：第一种是“历史信息”，即基于证券市场交易的有关历史资料，如历史股价、成交量等；第二种是“公开信息”，即一切可公开获得的有关公司财务及其发展前景等方面的信息；第三种是“内部信息”，即只有公司内部人员才能获得的有关信息。

1967 年 5 月，在芝加哥大学举行的证券价格研讨会上，哈里·罗伯茨（Harry Roberts）提出了与不同信息相对应的三种不同效率的证券市场理论：

第一种是弱式有效市场理论（Weak Form Efficiency），是指证券价格能够充分反映价格历史序列中包含的所有信息，如有关证券的价格、交易量、融资金额等。在弱式有效市场中，股票价格的技术分析失去作用，基本分析还可能帮助投资者获得超额利润。

第二种是半强式有效市场理论（Semi-Strong Form Efficiency），是指证券价格不仅能够体现历史的价格信息，而且反映了所有与公司证券有关的公开有效信息，如公司收益、股息红利、对公司的预期、股票分拆、公司间的并购活动等。在半强式有效市场中利用技术分析和基本分析都失去作用，内幕消息可能获得超额利润。

第三种是强式有效市场理论（Strong Form Efficiency），是指有关证券的所有相关信息，包括公开发布的信息和内部信息对证券价格变动都没有任何影响，即如果证券价格已经充分、及时地反映了所有有关的公开和内部信息，则证券市场就达到了强有效市场。在强式有效市场中，除非存在市场操作，否则没有任何方法能帮助投资者获得超额利润，即使基金和有内幕消息者也一样。

1.4.1.2 传统金融定价理论

定价理论是金融学中最核心的理论之一，它试图解释确定条件下或不确定条件下未来支付的资产价格或者价值，这里资产通常是指金融工具或某种证券，而价格是其市场均衡时的价格，即由市场需求与供给决定的价格。常见的资产定价理论有无套利定价理论、风险中性定价理论和期权定价理论等。

（1）无套利定价理论

无套利定价理论（Non-arbitrage Pricing Principle）是金融产品定价中常用的分析理论之一。其基本思想是：金融产品在市场上的合理价格就是使得市场不存在无风险套利机会的价格。也就是说，若存在某种证券组合，其初始净投资为零且收益为正值，那么所有的投资者都会投资该证券组合，进而导致该证券组合的价格发生变化，直到均衡状态下收益降为零，交易不再进行。此时，该资产组合失去了套利的机会，并保持在与资本资产定价模型结果类似的均衡价格，即有效市场上，不存在无风险套利机会。即使存在套利机会，也是暂时的，投资者很快实施套利而使得市场又回到无套利机会的均衡状态。

无风险套利机会存在可以等价于以下三种表述条件：①存在两个不同的资产组合，未来损益相同，但当前价格（成本）不同；②存在两个当前价格（成本）相同的资产组合，但第一个组合在所有状态下的损益都不低于第二个组合的损益。并且，至少存在一种状态使得第一个组合的损益大于第二个组合的损益；③一个组合构建成本为零，但在所有状态下该组合的损益都不小于零。并且，至少存在一种状态使得该组合的损益大于零。简单来说，无套利定价原理可以理解为相同损益必须相同价格。

无套利定价原理的首要原则是假设套利活动可以在无风险的状态下进行，初始投资为零的自融资组合，即投资开始时套利者不需要投入任何资金，投资过程中不需要任何维持成本，却在未来可以得到正的收益。无套利定价的关键技术在于用一组证券来复制另一组证券，即通过构建一个金融工具组合使之与被复制的金融工具具有相同或相似的盈亏状况。复制可以从正反两个方面来做：复制未来的现金流，同时检查目前是否有价格失衡的套利机会；现在的价格相等，复制未来在任何情况下都产生更为有利的现金流，或者未来任何情况下都产生更为不利的现金流。值得注意的是，无论是更为有利还是更为不利都会产生套利机会，但必须是在任何情况下。

无套利定价原理的应用很广泛，静态组合复制定价可以用在确定状态下的资产定价，动态组合复制策略可以进行不确定状态的资产定价，以及债券、股票和期权等多种金融产品的定价，且简单易懂。

（2）风险中性定价理论

风险中性理论（Risk Neutral Pricing Theory），又称风险中性定价方法，是约翰·考克斯（John Carrington Cox）和斯蒂芬·罗斯（Stephen A. Ross）于 1976 年推导期权定价公式时建立的。无套利均衡分析方法不涉及投资者的风险偏好，因此适用于风险中性假设的分析方法。

风险中性定价理论是利用风险中性假设的分析方法进行金融产品的定

价，即在对衍生证券定价时，假设所有的投资者都是风险中性的，投资过程与投资者的风险偏好无关。此时，所有证券的预期收益率都相同且等于无风险利率 r，所有的现金流量都可以通过无风险利率 r 进行贴现求得现值。该理论的核心在于构造出风险中性概率，进而求出金融衍生品的价值。

例如，一种不支付红利的股票目前市场价格为 S 元，已知 T 时间后，该股票价格要么是 S_u 元，要么是 S_d 元。假设目前的无风险年利率等于 r，现在求一份到期期限为 T 协议价格为 C 元的该股票欧式看涨期权的价值 f。

基于风险中性假设，我们可以假设该股票价格上升的概率为 p，下跌的概率为 1-p，根据股票目前的市场价格，可以列出公式求出风险中性概率 p：

$$e^{-r\times T}\left[S_u\times p+S_d\times(1-p)\right]=S$$

$$p=\frac{e^{r\times(T-t)}-d}{u-d}$$

其中，u=1+股票价格上涨状态的收益率，d=1+股票下跌状态的收益率。求出风险中性概率 p 后，根据风险中性定价原理，进而可以求出该期权的价值 f：

$$f=e^{-r\times(T-t)}\left[f_u\times p+f_d\times(1-p)\right]$$

$$f=e^{-r\times(T-t)}\left[f_u\times\frac{e^{r\times(T-t)}-d}{u-d}+f_d\times\frac{u-e^{r\times(T-t)}}{u-d}\right]$$

风险中性理论表述了资本市场中的这样一个结论：在市场不存在任何套利可能性的条件下，如果衍生证券的价格依然依赖于可交易的基础证券，那么这个衍生证券的价格与投资者的风险态度无关。

由于风险中性定价原理与投资者的风险态度无关，从而推广到对任何衍生证券都适用，所以在以后的衍生证券的定价推导中，都接受了这样的前提条件，就是所有投资者都是风险中性的，或者是在一个风险中性的经济环境中决定价格，并且这个价格的决定，又是适用于任何一种风险态度的投资者。并且，利用风险中性假设大大简化了问题的分析，所有资产的均衡定价都可以按照风险中性概率算出未来收益的预期值，再以无风险利率折现得到。最后，将所得的结果放回真实的世界，就会获得有实际意义的结果。

（3）期权定价理论

期权定价理论（Option Pricing Theory，OPT），也称布莱克—肖尔斯（Black-Scholes）期权定价理论，简称B-S模型，是1973年美国学者布莱克（Fischer Black）和美国学者肖尔斯（Myron Scholes）共同提出的，用于确定欧式股票期权价格，在学术界和实务界引起了强烈反响。同年，默顿（Robert C. Merton）独立地提出了一个更为一般化的模型。

B-S期权定价理论有一系列的假设条件，主要有：①市场具有无摩擦性，没有交易成本和税收，所有资产可以无限细分，没有卖空的限制；②在期权有效期，可以用相同且不变的利率借贷，利率按照连续复利r计算；③从时刻t=0到t=T，股票不分红；④股票价格的变化遵循对数正态分布的随机过程，包括以下条件：股票价格连续变化；整个期权生命期内股票的预期收益和收益方差保持不变；任何时间段股票和其他时间段股票的收益相互独立，且任何时间段股票的福利收益率服从正态分布；⑤原始模型定价的是欧式期权，即必须至到期日才能执行。

基于以上的假设条件，股票价格的运动遵循一种称之为带漂移的几何布朗运动的规律，在数学上则表现为被称作伊藤过程的一种随机过程，可以表示为：

$$dS=u'Sdt+uSdz=\left(u+\frac{1}{2}\sigma^2\right)Sdt+uSdz$$

式中：

S是标的物（股票）的价格；

u′是所谓的漂移率，是连续计算收益率的股票在单位时间内收益的预期收益率，$u'=u+\frac{1}{2}\sigma^2$，u为连续计算收益率的股票在单位时间内收益的自然对数的数学期望值；

σ 为波动率，是连续计算收益率的股票在单位时间内收益的自然对数的标准差；

dz 是被称为维纳过程（即布朗运动）的一种随机过程，$dz=\varepsilon\sqrt{dt}$，ε 满足标准正态分布，数学期望值为 0，方差为 1。

基于伊藤引理，经过一系列的推导过程，可以得到 B-S 随机微分方程：

$$\frac{\partial f}{\partial t}+rS\frac{\partial f}{\partial S}+\frac{1}{2}\sigma^2S^2\frac{\partial^2 f}{\partial S^2}=rf$$

其中，f 为衍生证券的价格，S 为标的资产的价格，r 为无风险利率。B-S 随机微分方程刻画了动态调整组合头寸保持无套利均衡的规律，适用于其价格取决于标的证券价格 S 的所有衍生证券的定价。

对于买权来说，有 $C=f(T)=\max[S(T)-X,0]$；对于卖权来说，有 $P=f(T)=\max[X-S(T),0]$。其中，X 为期权中预先确定的标的物的价格，即执行价格。根据终端条件，可以倒向接触 B-S 随机微分方程的初始值的表达式，即得出布莱克—肖尔斯期权定价的公式：

$$C=S(t)N(d_1)-Xe^{-r(T-t)}N(d_2)$$

$$P=Xe^{-r(T-t)}N(-d_2)-S(t)N(-d_1)$$

其中，N(·)为累积正态分布函数，而 $d_1=\dfrac{\ln\dfrac{S(t)}{X}+\left(r+\dfrac{1}{2}\sigma^2\right)(T-t)}{\sigma\sqrt{T-t}}$，$d_2=d_1-\sigma\sqrt{T-t}$。应当说明两点：第一，该模型中无风险利率必须是连续复利形式；第二，期权有效期 T 要用相对数表示，即期权有效天数与一年 365 天的比值。

B-S 模型自从 1973 年首次被提出之后，很快就被芝加哥期权交易所程序化并输入计算机中加以运用，该公式的应用随着计算机、通信技术的进步而扩展。如今，B-S 期权定价模型以及它的一些变形已被期权交易商、投资银行、金融管理者、保险人等广泛应用于证券、期权等金融产品的定价、信用风险的评估和规避中，对金融产品及金融衍生品的定价、风险规避和配置具有重要意义。

1.4.1.3 行为金融学理论

现代金融理论是建立在资本资产定价模型（CAPM）和有效市场假说（EMH）两大基石上的。这些经典理论被局限在理性预期、风险厌恶和有效市场竞争等“理性”的分析框架中，忽视了对投资者实际决策行为的分析。实际情况中，投资者并非完全理性，也有风险厌恶、风险中性和风险偏好等不同的风险态度。随着金融产品和市场的发展，模型和实际的背离使得现代金融理论的理性分析范式陷入了尴尬境地。在此基础上，20 世纪 80 年代行为金融理论悄然兴起，使资本资产定价模型和有效市场假说的权威地位开始动摇。

（1）行为金融学的发展历程

行为金融学的早期阶段可追溯到 19 世纪的古斯塔夫·勒庞的《乌合之众》（*The Crowd*）和查尔斯·麦基的《大众幻想与全民癫狂》（*Extraordinary Popular Delusion and the Madness of Crowds*），这两本书是研究市场群体行为的经典之作；1936 年，凯恩斯最早强调心理预期在投资决策中的作用，并且基于心理预期提出股票投资的选美理论和空中楼阁理论；1951 年，普莱尔开拓了应用实验将投资模型与人的心理行为特征相结合的金融新领域，成为现代意义上行为金融理论的最早研究者。

行为金融学的心理学行为金融阶段是指 20 世纪 60 年代到 80 年代中期，以特沃斯基和卡尼曼为代表提出的理论和学说。特沃斯基研究了人类行为与投资决策模型基本假设相冲突的三个方面：风险态度、心理会计和过度自信，并将观察到的现象称为“认知偏差”。特沃斯基和卡尼曼在 1979 年共同提出的“期望理论”后来发展成为行为金融研究中的代表学说。但是，对行为金融学的研究在这一时期还没有引起足够的重视，人们普遍认为用心理、情绪等主观因素研究金融行为是不科学的。

行为金融学的金融学行为金融阶段是指从 20 世纪 80 年代中期至今，

由于实际现象和现代金融理论的偏差、期望理论被广泛认可和应用，行为金融学在这一时期取得了突破性的进展。投资者心理账户、股市“羊群效应”、投机价格和流行心态等观点注重把心理学研究和投资决策相结合，也从投资策略上完善了对行为金融理论的研究。

（2）行为金融学的主要内容

①期望理论

期望理论（Prospect Theory）是1979年由特沃斯基和卡尼曼共同提出来的，是行为金融学的重要理论基础。他们在研究不确定的条件下人们如何做出决策的过程中，发现大多数投资者并非标准金融投资者而是行为投资者，他们的行为不总是理性的，也并不总是风险回避的。

期望理论中最为人们熟知的经典断论：

一是决策效应。决策效应是以确定性效应为基础表明了个体对风险的态度，认为与一个预期收入更大的不确定选择相比，人们更愿意一个收入确定的选择；与一个预期损失确定的选择相比，人们更愿意一个预期损失更大的不确定选择，即绝大多数投资者对不确定结果中增益的结果持厌恶回避态度，对确定性结果中损失的结果持追逐风险的状态。

二是价值函数。价值是由财富的变化决定的而不是个体的最终财富。也就是说，在不确定的条件下，人们的投资偏好是由财富的增量决定，而不是财富总量决定，人们对于损失的敏感度要高于收益。投资者对收益的效用函数是凹函数，对损失的效用函数是凸函数。即人们在盈利的情况下表现为风险厌恶者，在已经损失的情况下标签为风险追求者。

期望理论成为行为金融研究中的代表学说，解释了不少金融市场中的异常现象：如阿莱悖论、股价溢价之谜和波动率微笑等，然而特沃斯基和卡尼曼在期望理论中并没有给出如何确定价值函数的关键——参考点以及价值函数的具体形式，在理论上存在很大缺陷，从而极大阻碍了期望理论的进一步发展。

②套利限制

套利限制是行为金融学对传统金融理论提出质疑和修正的重要工具。传统金融理论的一个重要理论基础为有效市场假说。即资产的价格能够反映与资产相关的一切信息，价格和价值是一致的。理性的交易者能够正确评估证券的价格。如果存在很多非理性交易者，那么，一方面，如果非理性交易者的非理性行为相互抵消，则对市场的有效性没有影响；另一方面，如果非理性交易者的非理性方向是相同的，这时候由于套利的存在，短期内的价格偏离很快也会得到纠正，从而使市场能够恢复效率。

但是，行为金融学认为套利不可能不受条件限制，如套利的执行成本或模型风险。在各种客观约束下，套利无法剔除非理性行为对理性行为的长期并且是实质性的影响，所以有效市场假说是不成立的，即“套利限制”。

③其他理论

过度自信是指不论是理性行为者还是非理性行为者，都不会怀疑自己的理性的存在。他们自认为掌握了一定信息和一定专业知识，因而面对投资决策的时候，过于相信自己的判断力，往往高估他们的投资决策盈利的概率。

易获得性偏误是指某件事情比较容易被想到，投资者便误认为这个事件经常发生；相反，如果某类事件不太容易被想象到，投资者就会在不自觉的情况下低估该类事件发生的概率。因此，投资者在决策时受社会化影响的程度是不可忽视的。例如，把经济泡沫和房地产相联系，由股市不景气联想到互联网在走下坡路等。

心理账户是指投资人的投资决策实际上是不确定条件下的心理选择。特沃斯基和卡尼曼在预期财富和财富低于可以维持的概率的情况下描绘了行为组合理论的有效边界。行为组合理论包括单一心理账户和多个心理账户，其中单一心理账户投资者关心投资组合中各资产的相关系数，所以他们会将投资组合整个放在一个心理账户中，而多个心理账户投资者会将投资组合分成不同的账户，忽视各个账户之间的相互关系。

许多行为金融学学者都认为，在投资者进行决策的时候，并不是权衡了全局的各种情况，而是在心里无意识地把一项决策分成几个部分来看，也就是说，分成了几个心理账户，对于每个心理账户行为者会有不同的决策。与现代资产组合理论认为投资者最优的投资组合应该在均值方差的有效前沿上不同的是，行为组合理论实际构建的资产组合是基于对不同资产的风险程度的认识以及投资目的所形成的一种金字塔式的资产组合。金字塔的每一层都对应着投资者特定的投资目的和风险特征。投资者通过综合考察现有财富、投资的安全性、期望财富水平、达到期望水平的概率等几个因素来选择符合个人愿望的最优投资组合。

特沃斯基和卡尼曼认为普通投资者会将自己的投资组合分成两部分：一部分是风险低的安全投资；另一部分是风险较高但可能使自己更富有的投资。这是由于人们都有既想避免损失又想变得富有的心态，因此，人们会把两个心理账户分开来，一个用来规避贫穷，另一个用来一朝致富。而且，在考虑问题的时候，投资者往往每次只考虑一个心理账户，把目前要决策的问题和其他的决策分离看待。也就是说，投资人可能将投资组合放在若干个心理账户中，不太在意它们之间的共同变异数，这也就从另一个角度解释了投资者在有些情况下的非理性行为。

总之，行为金融理论在博弈论和实验经济学被主流经济学接纳之际，对人类个体和群体行为研究的日益重视，将投资者的感情因素、心理活动、社会规范和观念习惯等因素考虑到投资决策的过程中，将人类心理与行为纳入金融的研究框架，但是由于涉及人类心理与行为研究的难度，加上行为金融学刚刚起步还不完善，因而其本身也存在很多缺陷，还有待进一步发展和完善。

1.4.2 人工智能原理

1.4.2.1 技术原理

（1）智能模式识别

模式识别是研究如何使机器具有感知能力，主要研究视觉模式和听觉模式的识别。模式识别是当前科学发展中的一门前沿学科，也是一门典型的交叉学科，它的发展与人工智能、计算机科学、传感技术等多门学科的发展水平都息息相关，相辅相成，而且模式识别的应用领域也在不断地扩展，例如数据挖掘、生物特征识别，文档与图像分析等。其中生物特征的身份识别功能是近年来新兴的热点。目前模式识别技术已经在语音识别、文字识别、图像识别、运行状态监测等领域取得了成功的应用。但是在对象复杂的情况下，取得的识别效果差强人意，因此智能的概念被引入模式识别领域，智能技术可在多方面与模式识别进行融合，提高识别的准确度。

智能模式识别已经被应用到很多的领域，智能技术和模式识别相结合的算法达到了很好的效果。识别模式的整个过程如图 1-8 所示。

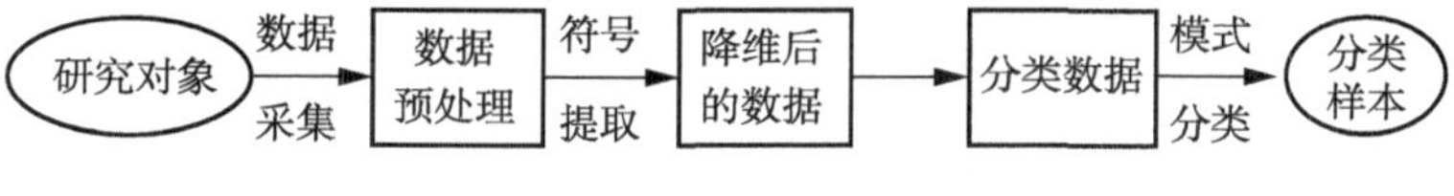

图 1-8 识别模式过程

可以看出在上图的模块中，存在数据的预处理这个步骤，数据预处理的功能是多方面的，它包括除去噪音、标准化模式样本等，在学习训练过程中将已知的模式样本进行数字化处理后输入计算机，这个过程就是训练模式样本的特征数据输入的过程。对输入的样本进行分析，然后去掉对分类无效或者容易造成混淆的特征，保留数据中对分类判别有效的特征值，这就是所谓的特征选择过程，在获取判决规则后，下面进行模式识别中的识别过程，先对未知模式的特征数据进行信息采集，接着对未知模式进行特征选择和特征提取，并根据已有的判决规则对模式样本分类，最后输出识别结果，再将已识别的分类结果与已知类型的输入模式对比，不断改进判决规则，特征选择方法和特征提取方法，最后制定出使出错率最小的判决规则和特征选择与提取策略。

在应用上，语音识别实现目标包括，整合对外的客户服务通道，提供多模式融合（包括电话、网页在线、微信、短信及 App 等）的在线智能客服；对内实现语音分析、客服助理等商业智能应用，为座席提供一种辅助手段，帮助座席快速解决客户问题。客服助理通过实时语音识别，实时语义理解，掌握客户需求，自动推送客户特征、知识库等内容。借助于微信公众号等平台，推出语音问答系统，打造个人金融助理形象。具体内容：通过电话客服渠道、网上客服、App、短信、微信以及智能机器人终端，与客户进行语音或文本的互动交流，理解客户业务需求，语音回复客户提出的业务咨询，并能根据客户语音导航至指定业务模块。对传统按键式菜单进行改造，用户使用自然语音与系统交互，实现菜单扁平化，提升用户满意度，减轻人工服务压力，降低运营成本。电话客服不再受限于菜单，可开展全业务的语音导航服务。

图像识别实现目标，包括利用网点和 ATM 摄像头，增加人像识别功能，提前识别可疑人员，提示可疑行为动作，识别 VIP 客户等。具体内容有，识别网点区域内可疑人员特征，如人脸上是否有面罩、手持可疑物品、行动速度异常、人员倒地、人员胁迫等；还可以对客户身份进行识别。

（2）机器学习

机器学习就是机器自己获取知识。机器学习的研究，主要是研究人类学习的机理，人脑思维的过程。机器学习的方法，是建立针对具体任务的学习系统，及机器人学习此领域所研究的问题，包括从机器人手臂的最佳移动到实现机器人的目标动作序列的规划方法等，因此开发高智能机器人是一个重要研究方向。

机器学习是指在没有明确编程指令的情况下，使机器具备自我训练和自我学习的技术。机器学习技术在人工智能的研究中具有十分重要的地位。机器学习算法是一种从数据分析中获得规律，并利用规律对未知数据进行预测的算法，尤其是如何在经验学习中改善具体算法的性能。试想一个不具有学习能力的智能系统难以称得上是一个真正的智能系统，但是以往的智能机器都普遍缺少学习的能力。例如，它们遇到错误时不能自我校正，不会通过经验改善自身的性能，不会自动获取和发现所需要的知识。它们的推理仅限于演绎而缺少归纳，因此至多只能够证明已存在的事实、定理，而不能发现新的定理、定律和规则等。智能机器应该具有“生命”：必须让机器具有自己思考下一步行为的能力，而不是在固定代码下执行。换言之，智能机器要干什么不是人类决定，而是机器在各种听觉、视觉等环境刺激下而激发应对的策略，并且能对这些策略进行总结。人是复杂生物，机器依靠模拟根本无法和人类相比，因此智能机器必须能自主开发、自主决策、自主学习，从而不断自我升级完善，这样才能突破智能机器的发展瓶颈。

机器学习领域的研究工作主要有以下三个方面：面向任务，研究和分析改进一组预定任务的执行性能；面向认知模型，研究人类学习过程并进行计算机模拟；面向理论分析，从理论上探索各种可能的学习方法和独立于应用领域的算法。按照以上三种主要的研究工作，从学习策略分类，机器学习技术可以分为六个类型。学习策略是指学习过程中系统所采用的推理策略，其主要由学习和环境两部分组成。环境提供信息，学习则实现信息转换，用能够理解的形式记忆下来，并从中获取有用的信息。学习策略的分类标准就是根据学生实现信息转换所需的推理和难易程度来分类，依从简单到复杂，从少到多的次序分为以下六种基本类型：

第一，机械学习。智能机器无须任何推理或其他的知识转换，直接吸取环境所提供的信息。如塞缪尔的跳棋程序、手工编写规则的围棋程序。这类学习系统考虑的是如何索引存储的知识并加以利用。系统的学习方法是直接通过事先编好、构造好的程序来学习，学习者不做任何工作，或者是通过直接接收既定的事实和数据进行学习，对输入信息不做任何的推理。

第二，教学学习。智能机器从环境（真实世界、现有理论和实验成果）获取信息，把知识转换成内部可使用的表示形式，并将新的知识和原有知识有机地结合为一体。这要求智能机器在环境的配合下，具有一定程度的推理能力。这种学习方法和人类社会的学校教学方式相似，学习的任务就是建立一个系统，使它能接受教导和建议，并有效地存储和应用学到的知识。许多专家系统在建立知识库时使用这种方法来实现知识获取。

第三，演绎学习。智能机器所用的推理形式为演绎推理。推理从公理出发，经过逻辑变换推导出结论。这种推理是“保真”变换和特化的过程，使智能机器在推理过程中可以获取有用的知识。

第四，类比学习。利用两个不同领域（源域、目标域）中的知识相似性，通过类比，从源域的知识（包括相似的特征和其他性质）推导出目标域的相应知识，从而实现学习。类比学习系统可以使一个已有的计算机应用系统转变为适应于新的领域，来完成原先没有设计的相类似的功能。类比学习需要比上述三种学习方式更多的推理。它一般要求先从知识源（源域）中检索出可用的知识，再将其转换成新的形式，用到新的状况（目标域）中去。类比学习在人类科学技术发展史上起着重要作用，许多科学发现就是通过类比得到的。

第五，基于解释的学习。智能机器根据原来理论、实验数据和数学模型提供的目标概念、例子、准则，首先构建一个解释模块来说明该例子满足目标概念，然后将解释推广为目标概念的一个满足可操作准则的充分条件。

第六，归纳学习。归纳学习是由环境提供某概念的一些实例或反例，让智能机器通过归纳推理得出该概念的一般性描述。这种学习的推理工作量远大于示教学习和演绎学习，因为环境并不提供一般性概念描述（如公理）。从某种程度上说，归纳学习的推理量也比类比学习大，因为没有一个类似的概念可以作为“源概念”加以取用。归纳学习是最基本的，发展也较为成熟的学习方法，在人工智能领域中已经得到广泛的研究和应用。

机器学习是继专家系统之后人工智能应用的又一重要研究领域，也是人工智能和神经计算的核心研究课题之一。现有的计算机系统和人工智能系统只有非常有限的学习能力，因而不能满足科技和生产提出的新要求。机器学习技术使智能机器从现有数据中归纳、演绎和推导出新的规律，而这种学习能力也让智能机器有望成为学习式、自我意识的智能机器。对机器学习的研究的进展，必将促使人工智能和智能机器的进一步发展。

在应用中，大规模采用机器学习，导入海量金融交易数据，使用深度学习技术，从金融数据中自动发现模式，可以实现金融预测和反欺诈等。如分析信用卡数据，识别欺诈交易，并提前预测交易变化趋势，提前做出相应对策。基于机器学习技术构建金融知识图谱，基于大数据的风控需要，把不同来源的数据（结构或非结构化）整合到一起，可以检测数据当中的不一致性，分析企业的上下游、合作、竞争对手、子母公司、投资、对标等关系。

（3）大数据与数据挖掘

大数据就是通过计算机技术汇总的大量数据的总称。麦肯锡全球研究所将大数据定义为一种规模大到在获取、存储、管理、分析方面远远超出传统数据库软件工具能力范围的数据集合。这种大数据具有海量的数据规模、快速的数据流转、多样的数据类型和价值密度低四大特征。大数据技术的战略意义不在于掌握庞大的数据信息，而在于对这些含有意义的数据进行专业化处理。所以常常伴随着大数据出现的是数据挖掘技术。

数据挖掘技术的发展历史虽然很短，但发展速度很快，利用数据挖掘技术，我们可以从海量的数据中挖掘出隐藏的、有用的信息，那么，究竟什么是数据挖掘呢？目前，还没有一个准确而完整的定义，但普遍认同的定义是：数据挖掘就是从大量的、不完全的、有噪声的、模糊的、随机的实际应用数据中提取隐含在其中的、人们事先不知道的、有用的信息和知识的过程。

数据挖掘过程包括诸多阶段，但总体来说数据挖掘可以分为三个阶段：准备阶段、数据挖掘阶段、结果评价阶段（如图 1-9 所示）。

图 1-9 数据挖掘过程

准备阶段：将数据源经过数据集成、数据选择形成目标数据，然后将目标数据进行预处理，就基本完成了数据的准备阶段。

数据挖掘阶段：确定了要挖掘的数据之后，根据挖掘的知识类型，选择合适的挖掘算法进行数据挖掘工作，最终形成一个数据模式。

结果评价阶段：数据挖掘本身就是一个发现知识的过程，这一阶段经过对这些数据的整合、剔除等操作，形成适合用户需求的知识。

换而言之，如果把大数据比作一种产业，那么这种产业实现盈利的关键，在于提高对数据的“加工能力”，通过“加工”实现数据的“增值”。IBM 曾经提出大数据的 5V 特点：Volume（大量）、Velocity（高速）、Variety（多样）、Value（价值）、Veracity（真实性）。大量（Volume）数据的大小决定所考虑的数据的价值和潜在的信息；高速（Velocity）指获得数据的速度；多样（Variety）是代表数据类型的多样性；价值（value）指合理运用大数据，以低成本创造高价值；真实性（Veracity）是指数据的质量。

大数据处理是一种涉及计算机技术众多层面的综合性计算技术，首先它的技术综合性、交叉性强。大数据技术需要多学科综合研究，涉及数据的获取与管理、数据的存储与处理、数据的分析与理解以及结合领域的大数据应用。一个完整的大数据处理与应用系统，通常是一个包括并综合大规模硬件资源和基础设施管理、分布式存储管理、并行化计算、分析挖掘、应用服务在内的完整的技术（见图 1-6）。因此，大数据处理具有很强的技术综合性和交叉性。其次，数据规模大，传统计算方法和系统失效，计算性能问题突出：大数据给传统的计算技术带来了很多新的挑战。巨大的数据量会导致巨大的计算时间开销，从而使得传统计算方法在面对大规模数据时难以在可接收的时间内完成处理。超大的数据量或计算量在计算性能方面给数据处理技术提出了巨大挑战。所以大数据与云计算的结合也是一个热门领域。另外，大数据技术具有应用需求驱动特性：大数据应用的很多问题都来自具体行业，大数据处理具有很强的行业应用需求驱动特性。因此，大数据处理必须紧密结合行业应用的实际场景和需求，从行业实际应用需求出发，结合实际应用需求去解决大数据处理中的技术难题，从而有效地利用大数据技术提升行业的信息处理与服务水平、发掘行业的深层价值。

表 1-6 大数据处理技术层

大数据应用层	大数据领域应用和服务层	交通/电信/医疗/金融/商业……
		领域应用/服务需求与分析模型
	应用设计开发层	大数据应用开发环境与工具平台
大数据分析算法层	综合分析算法层	社会网络分析、图像处理、自然语言处理、生物信息处理、媒体分析检索等
	基础算法层	并行化基础分析算法
大数据计算层	并行计算系统平台	通用并行计算系统 Hadoop、Spark、图计算系统 GraphLab 等
	并行计算模式	批处理、流式计算、图计算、迭代计算、查询分析、内存计算等计算模式
大数据存储层	分布式数据库	分布式数据库存储系统
	分布式文件系统	分布式文件存储系统
大数据处理资源层	系统机构和硬件资源	分布式集群，多核，众核，混合异构平台

1.4.2.2 目前人工智能技术在金融领域应用的情况

Google、IBM 等国际巨头公司已经将人工智能技术渗透在各种产品的方方面面，国内金融行业也逐步开始应用人工智能技术。随着国内双创政策的推动和对人工智能产业的投资拉动，预计广泛应用的突破点即将到来。

(1) 阿里巴巴

阿里巴巴旗下的蚂蚁金服，下设了一个特殊的科学家团队，专门从事机器学习与深度学习等人工智能领域的前沿研究，并在蚂蚁金服的业务场景下进行了一系列的创新和应用，包括互联网小贷、保险、征信、智能投顾、客户服务等多个领域。根据蚂蚁金服公布的数据，网商银行在花呗与微贷业务上，使用机器学习把虚假交易率降低了近 10 倍；支付宝的证件审核系统开发的基于深度学习的 OCR 系统，使证件校核时间从 1 天缩短到 1 秒，同时提升了 30%的通过率。以智能客服为例，2015 年“双 11”期间，蚂蚁金服 95%的远程客户服务已经由大数据智能机器人完成，同时实现了 100%的自动语音识别。当用户通过支付宝客户端进入“我的客服”后，人工智能开始发挥作用，“我的客服”会自动“猜”出用户可能会有的疑问供客户选择。其中，一部分是所有用户常见的问题，而更精准的是基于用户使用的服务、时长、行为等变量抽取出的个性化疑问点。在交流中，这些问题通过深度学习和语义分析等方式给出自动回答。问题识别模型的点击准确率在过去的时间里大幅提升，在花呗等业务上，机器人问答的准确率从 67%提升到 80%以上。

(2) 交通银行

2015 年，交通银行推出智能网点机器人，引发了金融银行界的广泛关注。它为实体机器人，采用语音识别和人脸识别技术，可以进行人机语音交流，还可以识别熟悉客户，在网点进行客户指引、介绍银行的各类业务等。在语言交流过程中，它能回答客户的各种问题，缓解银行客户在等待办理业务时的焦躁情绪，分担大堂经理的工作，分流客户，节省客户办理时间。

(3) 平安集团

平安集团设立了平安科技人工智能实验室，大规模研发人工智能金融应用。

一是人像识别技术的应用。平安集团在指定银行区域运用相关识别系统进行整体监控，识别陌生人、可疑人员和可疑行为，提升银行物理区域的安全性。该套系统还能识别银行 VIP 客户等，实现个性化服务。在平安天下通 App 上，平安利用人脸识别技术进行远程身份认证，用户根据系统提示，完成指定动作识别，即可进行 App 解锁、刷脸支付以及刷脸贷款等。

二是智能客服。平安集团整合旗下保险、基金、银行、证券等客服渠道为 95511，应用人工智能技术，用户拨打后直接说出服务需求，系统识别客户语音内容后，即可转接相应模块，大幅节省了客户选择菜单的时间。智能客服还可以进行简单问题回复，复杂问题则转人工进行支持。人机结合有效地解决了客户问题。

1.4.2.3 人工智能在金融领域的突破

（1）金融服务更加主动与智慧

金融属于服务行业，从事的是关于人与人服务价值交换的业务，人是核心因素。金融机构需要投入大量人力物力资源用于客户关系的维护交流，从中发掘客户需求，以获取金融业务价值。在互联网技术大规模应用前，银行与客户发生关系的媒介主要在网点，客户与网点人员通过人与人的交流，能迅速地发现并满足客户的金融需求，甚至通过一些交谈、观察客户的细节，挖掘到潜在的需求。通过一段时间的人与人交流，客户与银行工作人员建立了深厚的关系。而这种关系也提高了客户对于银行人员的依赖程度，我们称之为客户黏性。一旦黏性存在，客户很少会去比较银行人员所推荐的金融服务，如购买理财产品的时候，不会去比较多个银行的收益水平。而在互联网时代，互联网技术和互联网金融企业的蓬勃发展，共同促使金融机构大力开展系统建设工作，而网银、App 的出现也降低了银行服务客户的成本。但由于不管是客户端或者是网页端，均采用了标准化的功能模板，需要客户学习如何使用，并在众多菜单功能中找寻想要的金融服务，因而使客户与金融机构的交流变成单向的，并将“客户需求的成本”由金融机构转嫁给了客户。也就是在方便了金融机构的同时，麻烦了客户的金融需求的发现和满足。这同样也使银行失去了创造更多金融价值的机会，而且无论如何优化功能菜单，客户总要去付出这一选择成本。在这个过程中，客户的金融专业度被动提升：客户会去主动比较哪家金融机构提供的服务价格最优、服务效率最便捷。客户对金融机构的依赖度不断降低，随时可能被其他同业甚至互联网金融公司争夺走。如银行这几年受到第三方支付机构的极大冲击，无论在支付领域还是其他 C 端金融服务，银行的创新灵活度和政策监管尺度均处于下风，个人用户大规模被互联网金融机构圈走。人工智能的飞速发展，使得机器能够在很大程度上模拟人的功能，实现批量人性化和个性化的服务。这对于深处服务价值链高端的金融将带来深刻影响，人工智能将成为银行沟通客户、发现客户金融需求的重要工具。它将给金融产品、服务渠道、服务方式、风险管理、授信融资、投资决策等带来新一轮的变革。人工智能技术在前端可以用于服务客户，在中台支持授信、各类金融交易和金融分析中的决策，在后台用于风险防控和监督。它将大幅改变金融现有格局，使金融服务（银行、保险、理财、借贷、投资等方面）更加个性化与智能化。

（2）金融大数据处理能力大幅提升

作为百业之母的金融行业，与整个社会存在巨大的交织网络，沉淀了大量有用或者无用数据，包括各类金融交易、客户信息、市场分析、风险控制、投资顾问等。数据级别都是海量单位，同时大量数据又是以非结构化的形式存在，如客户的身份证扫描件信息，既占据宝贵的储存资源、存在重复存储浪费，又无法转成可分析数据以供分析。通过运用人工智能的深度学习系统，金融体系能够实现数据建模，转换非结构化的图片、视频数据为结构化的信息，并可进行定量及定性分析，既可避免直接储存造成的浪费，又能提升金融大数据的质量。

（3）金融风险控制能力与手段加强

机器自主学习能不断完善知识体系，甚至能够超过人类的回答能力。尤其在风险管理与交易这种对复杂数据的处理方面，由于金融体系无时无刻不面临来自各种渠道的风险或者危险攻击，依赖于人工的传统风险控制模型已不足以应对瞬息万变的新型技术；而人工智能的启动、应用，则可大幅降低人力成本并提升金融风控及业务处理能力，提高整个金融体系的安全度和稳定性。

1.4.3 智能金融的技术基础

1.4.3.1 大数据

（1）大数据的内涵

早在2001年，Gartner公司的一份研究报告首次提出了大数据的概念。2005年，Hadoop项目诞生，从技术层面上搭建了一个使对结构化和复杂数据快速、可靠分析变为现实的平台；2008年起，大数据成为互联网信息技术行业的高频词汇，自此，大数据的概念一路热度不减，成为各行各业广泛关注的热点；2011年，IBM的沃森超级计算机每秒可扫描并分析4TB的数据量；同年，麦肯锡第一次全方面地介绍和展望大数据；2012年，美国软件公司Splunk成为第一家上市的大数据处理公司；2014年，世界经济论坛以“大数据的回报与风险”为主题发布了《全球信息技术报告（第13版）》。时至今日，关于大数据的研究与应用依然是业界所重点考虑的项目。那么，什么是大数据呢?

Gartner公司的研究报告将大数据定义为需要新型处理模式才能促成更强的决策力、洞察发现力和流程优化能力的海量、高速和多变的信息资产。Hadoop组织将大数据定义为“普通的计算机软件无法在可接受的时间范围内捕捉、管理和处理的规模庞大的数据集”。在此基础之上，麦肯锡的报告认为大数据是指其大小超出了典型数据库软件的采集、存储、管理和分析等能力的数据集。不管是哪种定义，大数据都包含三个基本内涵。①数据量庞大，且符合大数据标准的数据集大小是变化的，会随着时间推移、技术进步而增长；②数据类型繁多，不同部门符合大数据标准的数据集大小会存在差别；③大数据是无法利用传统的数据库技术进行管理和分析的。

大数据从哪里来？大体可以简单概括为以下三类：

第一类是物质世界本身数字化产生的大数据。例如一些医疗服务类网站，将医生信息、门诊信息等现实事物数字化，形成了大量网络数据。

第二类是互联网交流不断产生的大数据。大量移动电子终端设备的出现，更加快了互联网信息收集的速度。

第三类是各种数据的积累、沉淀及保存产生大数据。随着科技进步，时代变化，高性能存储设备日益发展普及，使越来越多的数据得以持续保存，形成越发庞大的数据集。

（2）大数据的主要特点

①容量庞大

从大数据的来源可以看出，大数据的容量庞大，单一数据集的规模范围从几十 TB 到数 PB 不等，并且就目前而言大数据的规模尚是一个不断变化的指标，IDC 的报告预测到 2020 年，全球数据量将扩大 50 倍。数据的大小决定着数据的价值和潜在的信息，一般来说，数据容量越大，其潜在价值越大。但同时，庞大数据要求不同的数据处理放大，这也使得并行计算技术得以迅速崛起。

②种类多样

传统的数据类型或多或少是同构的，这种特点也使得它更易于管理。而大数据由于数据来源各异，因此形式各异。这体现为各种不同的结构化、非结构化的数据类型。结构化数据是指由二维表结构来逻辑表达和实现的数据，严格地遵循数据格式与长度规范，主要通过关系型数据库进行存储和管理。与结构化数据相对的是不适于由数据库二维表来表现的非结构化数据，包括所有格式的办公文档、XML、HTML、各类报表、图片和音频、视频信息等。

③传输高速

大数据是在运动着的，通常处于很高的传输速度之下。它经常被认为是数据流，而数据流通常是很难被归档的。在高速网络时代，通过基于实现软件性能优化的高速电脑处理器和服务器，创建实时数据流已成为流行趋势。企业不仅需要了解如何快速创建数据，还必须知道如何快速处理、分析并返回给用户，以满足他们的实时需求。

④价值密度较低

大数据的容量庞大、类型多样等特征必然造成数据价值密度相对较低。如随着物联网的广泛应用，信息感知无处不在，信息海量，但价值密度较低，如何通过强大的机器算法更迅速地挖掘数据的价值，是大数据时代亟待解决的难题。

（3）大数据在金融领域的应用

金融本身就是数据的生产、创新、挖掘、传输、分析和集成，所以大数据对金融业来说拥有强大的影响力。分析大数据在金融领域的应用，主要集中在两个方面：信用评估和精准营销。

信用是金融领域的重要研究对象之一。大数据金融可以捕捉信用评估所需的个人或群体的行为信息，交由大数据处理系统进行处理。即可完成对个人或群体的信用价值的自动认定，从而促进金融服务业由抵押文化向信用文化的转变，促进风险管理由模糊、难控向量化、可控的转化。举例来说，小额贷款一直是大银行对小企业贷款的瓶颈。小企业苦于无抵押物，一直很难从银行申请到贷款，但小企业又是一个庞大的贷款市场。2007 年，阿里巴巴和中国建设银行合作推出一项小企业的贷款计划。阿里巴巴拥有大量用户信息及其详细的信用记录，利用淘宝等交易平台可掌握企业的交易数据，再通过大数据技术自动分析判定是否给予企业贷款。到 2012 年底，阿里巴巴累计服务小微企业已超过 20 万家，房贷 300 多亿元，坏账率仅有 0.3%，远低于商业银行。

精准营销也是大数据在金融领域的又一应用。中国招商银行通过数据分析识别出招行信用卡高价值客户经常出现在星巴克、DQ、麦当劳等服务场所后，通过“多倍积分累计”及“积分店面兑换”等活动吸引优质客户。通过建设客户流失预警模型，对流失率等级前20%的客户发售高权益理财产品予以挽留，使得“金卡”和“金葵花卡”客户的流失率分别降低了15%和7%。

1.4.3.2 云计算

（1）云计算的内涵

2006年，27岁的Google高级工程师克里斯托夫·比希利亚第一次向Google董事长兼CEO施密特提出“云计算”的想法，在施密特的支持下，Google推出了“Google 101计划”，并正式提出“云”的概念。由此，拉开了一个时代计算技术以及商业模式的变革。2007年10月，Google与IBM开始在美国大学校园推广云计算的计划，这项计划希望能降低分布式计算技术在学术研究方面的成本，并为这些大学提供相关的软硬件设备及技术支持。2008年2月，IBM宣布在中国无锡太湖新城科教产业园为中国的软件公司建立全球第一个云计算中心。2008年7月，雅虎、惠普和英特尔宣布一项涵盖美国、德国和新加坡的联合研究计划，推出云计算研究测试床，推进云计算。自此以后，微软、亚马逊、戴尔、阿里等世界各国的机构都开始了对云计算的研究与应用。可以说，2007年以来，云计算成为IT领域最令人关注的话题之一，也是当前大型企业、互联网和IT建设正在考虑和投入的重要领域。

美国国家标准与技术研究院（NIST）对于云计算的定义是：云计算是一种按使用量付费的模式，这种模式提供可用的、便捷的、按需的网络访问，进入可配置的计算资源共享池（资源包括网络、服务器、存储、应用软件、服务），这些资源能够被快速提供，只需投入很少的管理工作或服务供应商进行很少的交互。云计算具有超大规模、虚拟化、高可靠性、通用性、高扩展性、按需服务、极其廉价等特点。从中也可以看出，云计算具有节约成本、资源按需分配、提供配套服务等优势。云计算是继分布式计算、网格计算、对等计算之后的一种新型计算模式，它以资源租用、应用托管、服务外包为核心，迅速成为计算机技术发展的热点。在云计算环境下，IT 领域按需服务的理念得到了真正体现。云计算通过整合分布式资源，构建应对多种服务要求的计算环境，满足用户定制化要求，并可通过网络访问其相应的服务资源。云计算对资源共享且高效利用的特点，可以实现系统管理维护与服务使用的解耦。

（2）云计算的主要特点

①超大规模

“云”具有相当的规模，Google 云计算已经拥有 100 多万台服务器，Amazon、IBM、微软、Yahoo 等的“云”均拥有几十万台服务器。企业私有云一般拥有数百上千台服务器。“云”能赋予用户前所未有的计算能力。

②虚拟化

云计算支持用户在任意位置、使用各种终端获取应用服务。所请求的资源来自“云”，而不是固定的有形的实体。应用在“云”中某处运行，但实际上用户无须了解、也不用担心应用运行的具体位置。用户只需要一台笔记本或者一个手机，就可以通过网络服务来实现用户需要的一切，甚至包括超级计算这样的任务。

③可靠性

“云”使用了数据多副本容错、计算节点同构可互换等措施来保障服务的高可靠性，使用云计算比使用本地计算机可靠。

④通用性

云计算不针对特定的应用，在“云”的支撑下可以构造出千变万化的应用，同一个“云”可以同时支撑不同的应用运行。

⑤可扩展性

“云”的规模可以动态伸缩，满足应用和用户规模增长的需要。

⑥按需服务

“云”是一个庞大的资源池，用户可按需购买；“云”可以像自来水、电、煤气那样计费。

⑦极其廉价

由于“云”的特殊容错措施可以采用极其廉价的节点来构成云，“云”的自动化集中式管理使大量企业无须负担日益高昂的数据中心管理成本，“云”的通用性使资源的利用率较之传统系统大幅提升，因此用户可以充分享受“云”的低成本优势，经常只要花费几百美元、几天时间就能完成以前需要数万美元、数月时间才能完成的任务。

⑧潜在的危险性

云计算服务除了提供计算服务外，还必然提供了存储服务。但是云计算服务当前垄断在私人机构（企业）手中，而他们仅仅能够提供商业信用。政府机构、商业机构（特别像银行这样持有敏感数据的商业机构）对于选择云计算服务应保持足够的警惕。一旦商业用户大规模使用私人机构提供的云计算服务，无论其技术优势有多强，都不可避免地让这些私人机构以“数据（信息）”的重要性挟制整个社会。对于信息社会而言，“信息”是至关重要的。另外，云计算中的数据对于数据所有者以外的其他用户云计算用户是保密的，但是对于提供云计算的商业机构而言确实毫无秘密可言。这就像常人不能监听别人的电话，但是在电信公司内部，他们可以随时监听任何电话。所有这些潜在的危险，是商业机构和政府机构选择云计算服务、特别是国外机构提供的云计算服务时，不得不考虑的一个重要的前提。

（3）云计算在金融领域的应用

云计算给金融业带来了深刻改变，从目前来说，云计算在金融领域的应用主要体现在3个方面。首先，从客户的角度来说，金融机构的客户特别是年轻客户，对网页、图像、音频、视频等众多内容的信息服务提出了新的体验要求。金融机构的业务部门正在提出更多云计算式的需求，如快速的业务响应，移动办公环境，拓展业务边界，业务终端的移动化、智能化、轻便化和个性化。其次，从市场竞争的角度来说，云计算带来的冲击推动着金融机构运营模式的创新，否则便面临着市场的淘汰。在此形势之下，金融行业纷纷探索业务创新或模式转变，第三方支付公司正在利用云计算提供低成本的服务，服务外包商、系统集成商也都在向云计算方向转型。最后，从金融机构自身的角度来说，金融机构要主动贴近市场，敏锐把握实体经济对金融服务的需求，必须从提高效能和降低成本两方面入手，这就要求金融机构运用新技术，积极创新产品、改进服务、减少借款人财务负担，以更好地服务实体经济。

金融业已经进入云计算时代，我国金融业接触云计算已经近十年的时间，结合目前我国的云计算应用现状具体来说，可以说现在我国金融机构对云计算技术、业务以及战略的探索已经涉及了方方面面。在信用卡业务方面，采用云计算模式，可以更快速地帮助客户完成信息录入、身份证信息扫描等申请缓解，实现信用卡销售和商户拓展的无纸化高效运作。自从人民币成为一揽子货币以来，人民币国际化进程也是我国金融领域的重要内容。在人民币国际化进程中，人民币交易和结算服务的提供可以采用云计算模式，以实现国外金融机构的按需访问，加快其启动参与的速度，并提供良好的弹性扩展来适应市场波动。此外，如今融入每个人生活中的移动支付也是云计算的重要应用领域。移动终端融合手机和传统 PC 的功能，是商业银行重要的战略性产品。它不仅能解决日常生活中的小额支付，也能解决企业之间大额支付，可以有效代替现金、支票等手段。

1.4.3.3 区块链

（1）区块链的内涵

从 2015 年开始，一个新概念——区块链开始出现，并逐渐成为人们关注的热点。2015 年，央行行长周小川两次讲话都提及数字货币和区块链，释放了某种政策信号；首届区块链技术大会在上海举行，金融街、互联网界大咖云集，盛况空前；IBM、微软等 IT 界剧透，埃森哲、德勤等咨询公司，纷纷做出战略调整，宣布将区块链作为未来重要的战略方向。那么，区块链到底是什么？

起初，区块链只是作为比特币的配角出现在人们眼中。比特币是一种数字货币，2008 年，中本聪《比特币：一个点对点（P2P）的电子现金系统》一文阐述了他对数字货币的构想，宣告了比特币的问世。如今区块链界被热议的“区块链”“时间戳”“工作量证明”“支付验证”等名词也在文中被首次提出。比特币建立了一个全球共享的分布式记账系统，一个去中心化的、去信任的账本系统。在这个账本中，这个时间点和上一个时间点之间的相关交易记录就被打包成一个区块，形成区块链。2009 年，中本聪成为挖到比特币的第一人，“创世区块”由此诞生，比特币成为区块链的首个应用。比特币区块链不断发展，直到 2013 年，比特币区块链出现硬分叉，并且一个山寨币——美卡币区块链发生断裂，导致数据更新中断，虽然问题很快得到解决，但是区块链还是受到了质疑。2014 年，区块链技术快速创新，以太坊项目启动众筹，区块链技术开始应用到货币以外的领域，用于对智能资产的注册、存储和交易。同时，更多围绕区块链技术的互联网技术被开发出来。2015 年，世界各地的银行、证券公司、投资机构开始对区块链应用测试，区块链逐渐被认为是可以比肩 TCP/IP 协议的一项伟大技术，将对全球经济和金融产生重大影响。时至今日，区块链技术还在不断地研究和发展之中。

从技术角度看，区块链是在点对点（P2P）网络上构建的分布式数据库系统，利用非对称加密算法进行加密的每个数据存储单元被称为区块，区块与区块之间按照时间顺序相连形成的链接，称为区块链。从货币学角度看，区块链是数字货币系统的分布式共享账本系统，一段时间内的账务交易信息被加密打包成一个区块，盖上时间戳，一个个区块顺序链接形成一个账本，这是一个去中心化的、网内用户共同维护的账本系统。从互联网经济角度看，区块链是网络空间中各类互联网资产的分布式管理系统，一段时间内任何数字化、智能化的资产的注册、存储和交易信息被加密打包成区块，一个个区块相互链接形成了分布式资产管理系统。不管从哪个角度看，区块链以其共享开放、去中心化、去信任、真实完整、安全可靠等特征而备受业界青睐。

（2）区块链的主要特点

区块链是一串使用密码学方法相关联产生的数据块，每一个数据块中包含了一次比特币网络交易的信息，用于验证其信息的有效性（防伪）和生成下一个区块。其主要含有以下特征：

①去中心化

由于使用分布式核算和存储，不存在中心化的硬件或管理机构，任意节点的权利和义务都是均等的，系统中的数据块由整个系统中具有维护功能的节点来共同维护。

②开放性

系统是开放的，除了交易各方的私有信息被加密外，区块链的数据对所有人公开，任何人都可以通过公开的接口查询区块链数据和开发相关应用，因此整个系统信息高度透明。

③自治性

区块链采用基于协商一致的规范和协议（比如一套公开透明的算法）使得整个系统中的所有节点能够在去信任的环境自由安全地交换数据，使得对“人”的信任改成了对机器的信任，任何人为的干预都不起作用。

④信息不可篡改

一旦信息经过验证并添加至区块链，就会永久地存储起来，除非能够同时控制住系统中超过51%的节点，否则单个节点上对数据库的修改是无效的，因此区块链的数据稳定性和可靠性极高。

⑤匿名性

由于节点之间的交换遵循固定的算法，其数据交互是无须信任的（区块链中的程序规则会自行判断活动是否有效），因此交易对手无须公开身份，让对方自己产生信任对信用的累积非常有帮助。

（3）区块链在金融领域的应用

①区块链在银行业中的应用

本质上，银行就是一个依靠信用提供中介服务的机构，去中心、去信任的区块链技术会对银行产生巨大的冲击。目前来说，银行业对区块链的应用还处于探索阶段，主要关注点还集中在以下几个方面。

首先，是对区块链银行模式的研究。综观世界各地的银行对区块链的开发模式，可以分为三种。一是商业银行成立区块链实验室，如花旗银行、瑞银、纽约梅隆银行等，围绕支付、数字货币和结算模式等方面测试区块链的应用；二是商业银行投资金融科技初创公司，以创投形式进入区块链领域，如高盛、西班牙对外银行、澳大利亚西太平洋银行等；三是商业银行与初创公司合作，如巴克莱银行、澳大利亚联邦银行等。

其次，是对区块链技术路线的研究。世界各大银行对区块链技术的选择还处于摸索阶段，包括比特币侧链、以太坊、瑞波币都在测试范围内，但银行业现阶段更愿意选择技术相对成熟的应用，以保证业务的可持续性和交易的安全。花旗银行正在探索利用区块链分布式账本系统来进行更加有效的价值转移；加拿大皇家银行、苏格兰皇家银行则正试验瑞波币技术以推进国际结算业务的发展。

最后，是对金融产品的区块链适用性研究。从金融产品创新上看，区块链在改变交易处理和结算方式方面具有巨大潜力，汇款转账、支付结算、非货币业务等将是银行优先考虑的领域。瑞士联合银行在伦敦建立了一个区块链技术实验室，在区块链上试验了 20 多项金融创新应用，包括金融市场交易、支付结算和发行智能债券等。R3CEV 的 41 家银行正在尝试使用区块链技术进行债券交易，通过建立开源通用的共享账本，可大幅减少银行的协调成本，并形成一个全球的去中心化的实时结算清算系统。

②区块链在证券业的应用

证券交易市场是区块链重要的应用领域之一。麦肯锡的一份研究报告指出，区块链技术将“极大地重塑资本市场、影响商业模式、节约成本”。在传统证券交易中，证券所有人发出交易指令后，指令需要依次经过证券经纪人、资产托管人、中央银行和中央登记机构这四大机构的协调，才能完成交易。整个流程效率低、成本高，而且这样的模式造就了强势中介，金融消费者的权利往往得不到保障。使用区块链技术，买方和卖方能够通过智能合约直接实现自动配对，并通过分布式的数字化登记系统自动实现结算和清算。由于录入区块的数据不可撤销且能在约定时间内被复制到每个数据块中，录入区块链上的信息实际上产生了公示的效果，因此交易的发生和所有权的确认不会有任何争议。去中介化的交易流程毫无疑问将大幅节省交易成本，提高交易效率。

纽约证券交易所是最早表示对区块链有兴趣的机构之一，2015 年 1 月，纽交所投资了比特币交易所，并基于比特币交易所平台上的交易数据推出了比特币价格指数。2016 年 2 月，韩国证券交易所启动了区块链交易系统开发项目，旨在使场外交易者的交易变得更加方便，节省其寻求交易伙伴的成本和时间。2016 年 3 月，日本瑞穗金融集团完成了一项区块链试验项目，探索区块链技术在跨境证券结算业务的应用，该试验用区块链技术建立了一个低成本、低风险的跨境证券结算系统，该系统可以实时分享交易后流程中的交易信息数据，并防止数据被篡改。

③区块链在保险业的应用

区块链可以增强保险市场对风险的记录能力、透明度、识别准确度和反应速度，保险业也是区块链的重要应用领域之一。保险市场应该从两个方面来推进区块链技术的应用。一是建立以区块链为基础的数字化交易室。在全球性的保险市场中，用区块链来建立一个数字化交易的账务系统，从一开始就可以让它自动执行，实现去中心化、去信任，并建立起交易参与者共享的准确的交易记录。二是在保险市场中建立分布式数据库系统。它提供的数据库是透明的、不可更改的，没人能够拥有它，它永远都是一份包含交易双方、交易内容和交易时间的总账。2015 年 12 月，德国保险巨头安联宣布与区块链初创公司 Everledger 合作，共同开发了一个区块链概念产品，建立了一个实物资产的去信任的数字化记录系统，从而协助财产保险公司降低他们的核心风险。

2 风险管理

不要懵懵懂懂的随意买股票，要在投资前扎实地做一些功课，才能成功！

——威廉·欧奈尔

2.1 传统风险原理

2.1.1 风险

在对未来进行安排的过程中，我们理所当然地想要追求准确无误的预测，因为这样做出的决策会使我们感到更安全。世间万物虽有其遵循的运动规律，但它们之间往往相互影响、相互制约，关系错综复杂，人类无法对其运动的结果给出一个唯一的判断，也就是说，很多事物常常表现为不确定的变化形式。因此，我们每天的生活都不得不面临各种风险。

那么究竟什么是风险呢？在这里，我们把风险定义为：风险是客观存在的，在特定情况下、特定期间内，某一时间导致的最终损失的不确定性。从这个定义我们可以看出风险的三个特性：客观性、损失性和不确定性。

所谓客观性，是指风险是客观存在的。不论人们是否意识到，也不论人们是否能准确估计出风险大小，风险本身就是客观存在的，它的大小在特定的时空范围内是唯一的，至于在每个人心理上的反映可能各不相同，那只能解释为个人认识风险的能力或手段不唯一，并不是风险不唯一。

所谓损失性，是指风险与损失是相关的。并不是任何未来的不确定性都是风险，只有当未来可能发生损失时，才可以成为风险，如果未来的所有结果中不包括损失，谈论风险就没有任何意义了。当然，这并不是说结果一定会有某种损失，而是指将一项活动或一个事件可能导致的未来的所有结果中包括某种损失。

所谓不确定性，是指损失的不确定性。只有当损失的发生与否、发生事件或发生地点无法预料的时候，即损失具有不确定性的时候，才有风险存在。风险的不确定主要来源于以下几个方面：一是客观事物本身的不确定性；二是所选择的准确反映系统真实性的模型的不确定性；三是不能精确量化模型输入参数而导致的参数的不确定；四是数据的不确定，包括测量误差、数据的不一致性和不均匀性、数据处理和转换误差、由于时间和空间限制，数据样本缺乏足够的代表性等。

2.1.2 风险管理

人类从很早以来就有了风险意识的萌芽，直到20世纪50年代，风险管理的概念才开始广为传播。迄今为止，风险管理已经发展成为包含危害性风险管理和金融风险管理的全方位管理体系。在这里，我们将风险管理定义为：风险管理是一种用以对某一组织所面临的风险进行评价和处理的全面的管理活动。

无论是个人、企业还是政府机构，风险管理的程序都是大致相同的，这一过程可以分为如下五个步骤（见图2-1）。

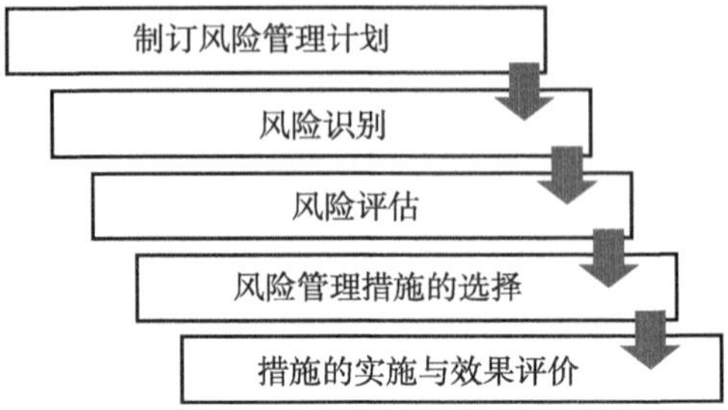

图 2-1　风险管理的步骤

2.1.2.1　制订风险管理计划

制订风险管理计划首先要明确风险管理的目标。风险管理的成功与否很大程度上取决于是否预先有一个明确的目标。首先，组织在一开始就要权衡风险与收益，表明对风险的态度。其次，要约定风险管理人员的责任以及与其他部门的合作关系。在实践中，风险管理计划常常通过风险管理策略书来表达。

2.1.2.2　风险识别

风险识别就是识别出组织所面临的风险的类别、形成原因及其影响。这一过程的重点包括：将组织人员和资产的构成与分布进行全面总结和归类；对人和物所面临的风险进行识别与判断；分析损失原因；对后果与损失形态进行归类与分析。

风险识别是风险管理的基础。有未来就有风险，而且未来的风险不仅有过去曾经面临的诸多类型，还可能会面临新的风险，因此，风险识别是一项制度性、系统性的持续工作，它是风险管理成功的关键。

2.1.2.3　风险评估

风险评估是指在风险识别的基础上，估算损失发生的概率和损失幅度，并依据组织的风险态度和风险承受能力，对风险的相对重要性以及缓急程度进行分析。风险评估既有定性分析的内容，也有定量的分析，它需要一定的专业技术知识。风险估算是一项极其复杂和困难的工作，尤其是对于那些发生概率低但损失巨大的风险，如核风险，由于缺乏足够的历史数据，很难应用传统的统计方法进行评估，必须探索新的途径。得到风险估算的结果以后，组织还要根据自身的风险承受能力对风险给出一个主观的认识。对同样一个风险，不同承担者对它的感知可能是不同的。

2.1.2.4 风险管理措施的选择

根据风险评估的结果和风险管理的目标，组织要设计并选择恰当的风险管理措施。风险管理措施大致可以分为三类：控制型风险管理措施、融资型风险管理措施和内部风险抑制。

控制型措施通过避免、消除和减少意外事故发生的机会以及控制损失幅度来减少期望损失成本。主要的控制型风险管理措施包括风险规避、损失控制和控制型风险转移。

融资型措施的着眼点在于获得损失一旦发生后用于弥补损失的资金，其核心在于将消除和减少风险的成本分摊在一定时期内，以避免因随机的巨大损失发生而引起财务上的波动。其中，风险自留是将风险的影响在组织内部的财务上分摊，而保险、套期保值和其他合约化风险转移手段更多的是将风险转移给他方。

控制型措施和融资型措施都是从降低期望损失的角度来改变风险的，而内部风险抑制的作用在于降低未来结果的变动，即降低方差，这使得风险管理者对未来的判断更有把握。

2.1.2.5 措施的实施与效果评价

在执行风险管理决策的过程中，风险管理人员一般对风险管理措施有执行权限。例如，当需要投保时，风险管理人员可以选择保险人，设定适当的保险责任限额和免赔额，并就投保事项与保险人商谈。

措施实施后并不等于风险管理就告一段落，还必须对其实施的效果进行评价。评价的目的主要有两个：一是为了考察是否达到预先设定的标准；二是为了适应新的变化。要对风险识别、风险评估以及风险管理措施的适用性和收益性进行定期检查，及时了解过去一段时间的工作绩效，发现执行中的困难以及新的风险，进而调整既定的决策以适应新环境是相当重要而且必要的。也就是说，整个风险管理工作并不是直线型的，而是上述步骤周而复始的循环。

但是对于个人、企业和政府机构来说，风险管理的目标是不同的。对于营利公司来说，风险管理通过使风险成本最小化来实现企业价值最大化。风险成本是指由于风险的存在和风险事故发生后，人们所必须支出的费用和预期经济利益的减少。我们将风险成本最小化看作是营利公司风险管理的总体目标。具体地，它通过两个方面的影响来实现：一是净现金流的期望值，风险管理措施要增加公司未来预期现金流入及减少公司未来预期现金流出，使之达到一个平衡点。二是未来净现金流的变动，风险管理者应在边际成本等于边际收益的条件下控制未来净现金流的变动，而降低未来净现金流变动的收益常以股东要求得到的风险补偿来体现，因为在期望净现金流一定的情况下，由于未来净现金流的波动而引起的公司股票价格的下跌使得投资者在购买股票时要求得到更高的期望投资回报。

对于非营利公司和政府机构来说，如果将风险成本看作是非营利公司和政府由于风险而导致的行为价值的减少，那么它们的风险管理目标就是实现委托人的风险成本最小化。在这个总体目标下，非营利公司在日常决策中的一些准则可能会和营利公司有所不同。例如，非营利公司会更看重巨大损失对客户造成的负面作用，因此，对于巨额损失的管理可能就会付出更多的成本。又如，政府通过贷款或税收筹措资金的能力明显比营利公司强，因此，在选择损失融资措施时就可以得出不同的结果。

对于个人来说，个人的追求是基于自身效用函数的个人财富最大化，风险成本减少了个人财富，因此如果把风险成本定义为由于风险而造成的个人财富的减少，那么个人风险管理的目标也是风险成本最小化。

2.1.3 风险识别

要进行风险管理，首先要找出风险，这就是风险识别。风险识别是否正确、是否全面，是决定风险管理能否成功的关键之一。

风险识别的流程主要有：（1）获得组织风险管理的整体计划。它是风险识别工作开展的总体依据，包括组织背景、风险管理目标、风险标准、决策标准以及对风险识别的总体要求等；（2）确定风险识别的对象和范围。它包括确定必须开展风险识别的组织业务活动的过程、计划、目标、具体的风险标准等，以获得风险识别对象的信息；（3）制订风险识别计划。它包括识别方法的选择，在此基础上确定识别人员的能力需求、识别工作时限、识别深度、识别费用、识别成果形式等；（4）准备识别工具。根据所选的具体识别方法，准备相应的识别工具，例如风险识别对象的分解结构、风险因素调查表、情景分析会、风险的历史资料、风险登记表等；（5）开展调查。它是指通过调查进行风险因素、相应风险事件和可能结果的描述及分类；（6）提交识别结果。识别结果即风险识别报告。

要进行风险识别，首先要了解风险源即风险的来源。风险源是指那些可能导致风险后果的因素或条件的来源。一般来说，风险源可以分为客观风险源和主观风险源两类。客观风险源包括自然环境和人为环境。自然环境是最基本的风险源，地震、干旱和过度降水都可能导致损失。自然环境复杂多变，但随着对大自然的不断探索，人们已经掌握了很多规律，一些自然现象可以准确预测，还有一些自然现象可以在概率的意义上预测。而人为环境由于有人的因素在作用，其规律摸索起来就较为困难，人为环境所需要考虑的因素较为复杂，进一步可以将其细分为社会环境、政治环境、经济环境、法律环境以及操作环境。主观风险源的形成因素主要来自风险管理人员，也可以称之为认知环境，因为它并不是由其本来面临的客观风险造成的，而是由进行风险管理的人员造成的。风险是客观存在的，但人类对于风险的认识却并不完全都是客观的，换句话说，由于我们所掌握的信息有限，或者风险管理者对风险的理解、估算的能力有限，实践中对风险的认识往往掺杂了主观的判断，而当主观判断和客观实际有差别时，就可能给面临风险的组织带来不确定性。

风险识别的基本方法是风险清单。风险清单是指一些由专业人员设计好的标准的表格和问卷，上面非常全面地列出了一个组织可能面临的风险。这些清单都很长，因为它们试图将所有可能的损失暴露全部囊括在内，清单中的项目包括修理或重置资产的成本，伴随资产损毁的收入损失以及承担法律责任的可能性等。适合新公司、初次构建风险管理制度的公司或缺乏专业风险管理人员的公司使用，这些表格可以帮助他们系统地识别出最基本的风险，并将度量忽略重要风险源的可能性。但是标准表格也有两个严重的局限。首先，由于这些清单都是标准化的，适合于所有企业，所以针对性较差，一个特殊企业面临的特殊风险就可能没有包含进去。其次，这些清单都是在传统风险管理阶段设计出来的，传统的风险管理只考虑纯粹风险，不涉及投机风险。所以风险清单中也都没有关于投机风险的项目。常见的风险清单有风险分析调查表、保单检视表和资产暴露分析表。

由于风险清单的局限性，因此在实际运用风险清单的过程中，还需要配合以其他辅助方法作为补充，才能识别出风险清单中没有包括的特殊风险。风险识别的辅助方法有很多，常用的有财务报表分析法、流程图法、事故树法、现场检查法和风险形势估计法等。

2.1.4 风险评估

在风险管理的过程中，若要进行风险决策，需要从定性和定量两个方面进行风险评估，对于每一具体的风险来说，需要估计以下四个方面：

（1）每一风险因素最终转化为风险事项的概率及其相应的损失分布；

（2）单一风险的损失程度；

（3）若干关联的风险导致同一风险单位损失的概率和损失程度；

（4）所有风险单位的损失期望值和标准差。

风险评估包括风险估计和风险评价两个组成部分。风险估计是对识别出的风险因素进行量化分析和描述，探求各主要影响因素可能的变化范围以及对企业目标实现可能产生的有利或不利的影响。对于系统的某种风险，必须先弄清楚它将对系统产生的影响程度及其相应发生概率，才能据此进一步研究、选择正确处理这类风险的方法。

风险估计的流程如下：

（1）收集风险数据；

（2）建立风险模型；

（3）风险发生可能性估计和损失后果估计；

（4）风险因素影响估计。

风险评价要考虑组织的整体风险，也要考虑各风险之间的相互影响、相互作用以及对风险主体的影响，还要考虑风险主体对风险的承受能力。

风险评价的流程如下：

（1）确定风险评价目标；

（2）建立风险评价指标体系；

（3）选择风险评价方法与模型；

（4）综合评价实施。

风险评估应将定性与定量方法相结合。定性方法可采用问卷调查、集体讨论、专家咨询、情景分析、政策分析、行业标杆比较、管理层访谈、由专人主持的工作访谈和调查研究等。定量方法可采用统计推论（如集中趋势法）、计算机模拟（如蒙特卡罗分析法）、失效模式与影响分析、事故树分析等。选择合适的风险评估技术和方法，有助于组织及时高效地获取准确的评估结果。一旦决定进行风险评估，并且确定了风险评估的目标和范围，那么就可以依据如下因素，选择一种或多种评估技术：

（1）风险评估的目标；

（2）决策者需要；

（3）所分析风险的类型及范围；

（4）后果的潜在严重程度；

（5）专业知识、人员以及所需资源的程度；

（6）信息和数据的可获得性；

（7）修改或更新风险评估的必要性；

（8）法律法规及合同要求等。

风险评估结果可以用一个二维坐标系或风险矩阵来描述。风险坐标图是把风险发生可能性的高低和风险发生后对目标的影响程度作为两个维度绘制在同一个平面的直角坐标系上。风险坐标系的横轴表示可能性或其变化区间，纵轴表示影响或其变化区间，每一种风险都定位描述在这个坐标系中。风险矩阵用行表示风险的可能性，用列表示风险的影响，用二维度量指标描述每一种风险的矩阵，这个风险矩阵提供了所有风险的可能性、影响及其变化区间的信息。

2.2 政府资产风险管理

从严格意义上来讲，所有参与经济活动的主体都可能面临资产风险。在经济分析中，常把政府当作一个与企业部门、家庭（个人）部门并列的经济部门，进而形成“三部门经济”模型或“四部门经济”模型（加上国外部门）。作为经济主体，政府维护的是其自身的公共产权利益，在参与经济活动的过程中，政府也不可避免地受到来自内外部的各种风险，这些风险可能使政府的经济活动偏离其自身目标，引发政府资产的风险。因此，运用智能金融对政府资产风险进行识别、度量和管理，对维护市场稳定、促进经济发展具有重要意义。

2.2.1 政府资产相关概念

2.2.1.1 政府部门范围及层次

经济意义上的政府部门和通常所说的行使行政权、与立法和司法机构并列的政府部门不是一个概念。政府通过税收或其他收入为社会提供产品和服务，通过转移支付手段进行收入和财富的再分配，从事非市场生产等。根据其提供的公共产品是否免费或价格是否具有显著经济意义等，把政府部门划分为狭义政府部门、广义政府部门和公共部门。

狭义政府有两种划分方法：一是划分为中央政府、省级政府和地方政府，这些政府通常包括其所负责的社会保障基金；二是将社会保障基金单列，划分为四级：中央政府、省级政府、地方政府和社会保障基金。社会保障基金单独持有其资产和负债，以自身的名义从事金融交易，是致力于运作一个或多个社会保障计划的特殊政府单位。

广义政府部门包括所有的狭义政府部门和所有政府控制并主要由政府提供融资的非市场非营利机构（NPI）。根据广义政府单位是否包括社会保障基金，对广义政府单位分类有两种方法：一是划分为中央政府、省级政府和地方政府，每一级政府通常都包括其所负责的社会保障基金和NPI，所有社会保障基金按照经营它们的政府层次进行分类，并与那一级的其他广义政府单位合并；二是划分为中央政府、省级政府、地方政府和社会保障基金。即将全部社会保障基金合并为一个单独的分部门，将所有其他广义政府单位按其层次进行分类，每一级政府只包含NPI不包含社会保障基金。这两种分类方法适应不同分析的需要，取决于社会保障基金的组织和重要性以及在管理上独立于政府单位的程度。

公共部门包括广义政府部门和政府控制的公司，其中政府控制的公司又称为公营公司，主要从事商业活动。政府控制是指政府通过颁行法律、实施法规、发布命令等方式行使权力导致了某家公司总体政策的确定并因此控制了该公司，应用于全社会所有单位或某一行业所有单位的法律法规不视为对这些单位的控制。公共部门通常有两种划分方法：一是划分为广义政府部门以及有所有公共公司构成的公共公司子部门。公共公司子部门又可以进一步划分为中央银行、除中央银行外的金融性公共公司和非金融性公共公司；二是将公共部门按照政府层级划分，划分的子部门有中央政府公共部门、省级政府公共部门和地方政府公共部门。每个政府公共部门下又包含相应层级的广义政府部门以及该层级政府单位控制的所有公共公司。

2.2.1.2 政府资产

从国外来看，不同机构对政府资产的定义实质上十分接近。国际公共部门会计标准（International Public Sector Accounting Standards，IPSASs）对政府资产的定义为“作为过去事项的结果，由政府主体控制并且其所带来的未来经济利益或服务潜能被预期会流入政府主体的资源”，强调能够使用该资产或从该资产中获利的同时能够拒绝或限制其他主体使用该资产或从该资产中获利。FFACS 对政府资产的定义为“体现了联邦政府控制的经济利益或服务的资源”，强调了必须体现能在未来使用的经济利益或服务，以及联邦政府控制着对这些经济利益或服务的使用许可。政府金融统计年鉴（Government Finance Statistics Yearbook，GFSY2001）规定政府财政统计中记录的资产都是经济资产。这里的经济资产具有两类特点：一是机构单位对这些资产行使单个或集体所有权；二是这些资产的所有者通过在一定时期内持有或使用这些资产获得经济利益。

从国内来看，目前缺乏对政府资产的统一定义。财政部《权责发生制政府综合财务报告试编办法》中将政府资产定义为政府过去交易或事项形成并由其拥有或控制的资源，并且预期这种资源能够为政府增加服务潜能或者为其带来经济利益。《财政总预算会计制度》中将资产定义为“政府财政占有或控制的，能以货币计量的经济资源”，并且按照流动性将资产分为流动资产和非流动性资产。《行政单位财务规则》中将资产定义为“资产是指行政单位占有或者使用的，能以货币计量的经济资源，包括流动资产、固定资产、在建工程、无形资产等”。《事业单位会计准则》中将资产定义为“资产是指事业单位占有或者使用的能以货币计量的经济资源，包括各种财产、债权和其他权利”。不同学者对政府资产的理解也不同，有的学者认为政府资产是财政分配和再分配结果所形成的资产，有的学者认为政府资产即政府拥有所有权的那部分资产，即国有资产，还有学者将政府资产定义为政府拥有或控制的具有服务潜能的资源。

与企业资产相比政府资产有其自身的特点，例如政府资产中存在很大一部分资产是通过国家强制力或者继承等非交易手段获得的；政府资产中有一部分能够通过产生现金流量带来经济利益，但是大部分只拥有服务潜能；政府中的资源性资产等难以可靠计量，等等。因此，本书将政府资产定义为由中国政府拥有或控制的，未来能够为政府或社会公众带来经济利益或具有服务潜能，能以货币计价的资源。

该定义强调三点：第一点，主体为中国政府。按照中国 SNA2008 的标准，这里的中国政府是指除中央银行外的公共部门，即各种行政单位、非营利性事业单位、使用行政事业编制或者经费来源主要是国家财政拨款的社会团体、由国家拨款建立且主要资金来源为国家拨款基金会以及可能存在的其他组织（主要是自治组织，如社区居委会、工会等）。中国政府作为资产占有或控制的主体，有权使用或从资产中获利，也能够拒绝其他主体使用或从资产中获利；第二点，资产是指经济资产，是一种资源，政府控制的就是资源所包含的经济利益和服务；第三点，能够在现在或可预见的将来获得经济利益或服务潜能。

2.2.1.3 政府资产的分类

政府资产不同于企业资产，存在一些政府或法律特殊授权的资产（如军事资产）等，分类标准（流动性、法律环境、资产的性质和功能等）的不同，决定了不同的资产类别。本书按政府资产的性质和功能分为两大类：金融资产和非金融资产，其中非金融资产又可以进一步分为实物资产和无形资产。以下对各分类所包括的内容进行简要的介绍和分析（见图 2-2）。

（1）金融资产

政府的金融资产是指可供政府用于清偿负债、履行承诺或举办活动提供资金的资产，其具体分类主要基于有关金融工具的流动性和法律特征。金融资产按金融工具的特征可分为金融债权、货币黄金及国际货币基金组织分配的特别提款权。其中，金融债权通过融出资金为债权人提供利益，属于资产，金融债权可细分为现金、存款、非股票证券、贷款、股票和其他权益、保险技术准备金、金融衍生工具和其他应收账款。

（2）非金融资产

非金融资产是指除金融资产以外的所有经济资产，不代表对其他单位的债权，是一种价值储存手段。多数非金融资产通过商品和服务生产过程中对其的使用或以财产收入的形式提供利益。

非金融资产又可以进一步分为实物资产和无形资产。其中，实物资产包括存货、公共资产、基础设施资产、防御资产、资源性资产和遗产资产；无形资产包括可辨认的无形资产和不可辨认的无形资产。

实物资产中，政府部门的存货一般包括军需品、可消耗物品、维修工具、战略储备物资、尚未发行的货币以及为销售而持有的邮政服务供应品等；公共资产主要是政府投资形成的办公大楼、车辆及办公设备等；基础设施资产具体是指诸如道路、桥梁、隧道、排水系统、通信网络、能源网络等非流动性实物资产；防御资产指用于国家防御目的的各类资产，如军事建筑物、工厂和设备，运载火箭、航母和载人航天飞行器等；资源性资产主要包括森林资源资产、矿产资源资产、土地资源资产和能源资源等；遗产资产是指由实体所拥有并保持的具有历史的、艺术的、科学的、技术的、地理的或环境方面特性的资产，包括博物馆陈列的各种艺术品、古器、标本或工艺类展览品，图书馆珍藏的书籍、手稿以及相关文献资料和历史纪念碑等。

无形资产中，可辨认的无形资产是指区别于其他资产可以单独出售或者单独取得的无形资产，包括由法律规定的权利，但这种权利与自然资源的使用、专利权、数据库及转让权无关；不可辨认的无形资产是所有其他的无形资产，这些资产不能单独地出售，它包括商誉、人力资源以及收税的权利等。

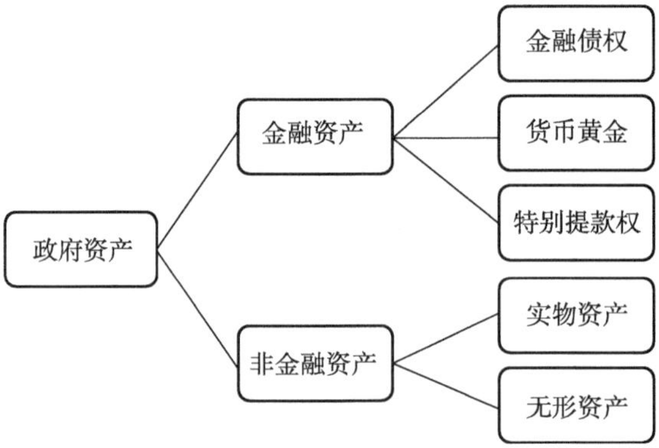

图 2-2　政府资产的分类

2.2.2 政府风险

2.2.2.1 市场风险

市场风险是指在证券市场中因股市价格、利率、汇率等的变动而导致价值产生未预料到的潜在损失的风险，包括权益风险、汇率风险、利率风险以及商品风险。政府金融资产中的金融债权包括现金、存款、非股票证券、贷款、股票和其他权益、保险技术准备金、金融衍生工具和其他应收账款等，政府金融资产的市场风险主要为汇率风险和利率风险。

从政府的层面看，汇率波动主要影响政府的外汇储备价值。由于美元作为外汇储备的计量货币，其他各种货币相对于美元的汇率变动可能导致我国政府外汇储备规模及资产价值的变化。截至 2017 年 6 月末，我国政府资产中的外汇储备余额为 30568 亿美元，规模比 2016 年末上升了 463 亿美元，但美元对人民币的汇率从 2005 年的 8.2756 降到 2007 年 7 月的 6.7631。在近几年人民币对美元持续升值的大背景下，以美元为主要储备货币的外汇储备出现大幅缩水，不仅在政府的资产负债表上出现价值缩水，其实际购买力也随着美元指数的不断下降而降低。此外，汇率风险还表现为政府资产负债管理中当资金来源与使用的币种不一致时的货币错配风险。政府通过国内金融机构用外币借入资金，却以本币形式投放国内，甚至还出现国内企业用外币为其国内业务融资，居民用外币进行存款等。在 2008 年全球金融危机中，波罗的海三国所谓的“里加流感”充分说明了货币错配对经济的危害，政府金融资产中的现金、货币黄金等有可能受到汇率的影响而导致资产价值变化。

从政府的层面看，利率波动主要影响政府金融资产的存贷款资产价值和在证券市场上的投资资产价值。一般情况下，市场存款利率和贷款利率一起同方向波动。存款利率上升，政府存款资产的价值增加，贷款利率上升，贷款融资成本增加，借给外国贷款的资产价值增加，本国政府控制的公司在本国贷款成本也增加，反之则借给外国贷款的资产价值减少，本国政府控制的公司在本国贷款成本也减少；政府单位及其控制的公司的金融资产中股票和其他收益的资产价值因股市价格、市场利率等的波动而波动，其投资的金融衍生工具资产的价值同样因金融衍生品市场的变化趋势不明确而存在未预料到的潜在损失的风险。

2.2.2.2 信用风险

信用风险又称违约风险，是指借款人、证券发行人或交易对方因种种原因，不愿或无力履行合同条件而构成违约，致使银行、投资者或交易对方遭受损失的可能性。很多经济活动都涉及信用风险，它既存在于传统的贷款、债券投资活动，也存在于信用担保、贷款承诺以及场外的信用衍生工具的交易过程中，是最传统最常见的金融风险之一。

政府部门进行宏观经济调控的方法之一就是通过中央银行公开市场业务，即买入或卖出市场债券调整流通的货币量。近年来，随着我国债券市场的快速发展以及刚性兑付的打破，国内投资者对信用评级的关注度和需求在不断上升。一方面，金融脱媒和利率市场化的加剧，推动债券融资快速上升，债券市场容量不断扩大，品种不断丰富。截至 2015 年年底，我国债券市场有国债、地方政府债、政策性金融债、企业债、公司债、中期票据等近 20 个品种。同时，随着人口结构趋于老龄化，居民对财富管理的需求呈快速上升之势，促进以银行、保险、基金为代表的泛资管机构迅速崛起。泛资管机构通常对债券资产具有巨大的配置需求。另一方面，以 2014 年“11 超日债”违约为标志，中国债券市场的刚性兑付被正式打破，信用风险呈点状爆发之势。2015 年共爆发 21 起债券违约事件，进入 2016 年后更是呈加速恶化之势，仅 1~4 月便有 22 起违约事件，超过 2015 年全年总和。从发展趋势来看，信用风险逐渐从民营企业向国有企业、从公司债向企业债蔓延。虽然当前的地方政府债尚未发生信用事件，但随着中国经济进入新常态，地区间经济发展状况越发分化，不可排除未来发生地方政府债违约事件的可能。投资人对信用评级的关注度和需求都明显提高，债券和发行主体信用评级的变化往往伴随着债券价格的剧烈波动。

2.2.2.3 流动性风险

政府偿债主要依靠财政收入或资产变现，财政收入一般用来支付当年财政支出或部分显性债务，对于隐性债务的偿付将主要依靠资产变现。但是，一旦财政收入小于财政支出或显形债务，资产变现能力不足，政府资产便出现了流动性风险。政府资产的流动性风险可以看作政府的财政风险，一般情况下为内生性的财政风险，可以分为：①源于收入方面的财政风险，如政府可调控财力不足，主要收入来源不稳定，财政收入占 GDP 的比重偏低，税基被侵蚀问题长期得不到解决，等等；②源于支出方面的财政风险，如财政支出刚性增长，财政投资面临扩张压力，财政支出结构不合理，财政“越位”和“缺位”现象并存，等等；③源于公共投资的财政风险，我国财政支出中有相当部分用于生产性投资，或资本性投资，这种投资与私人投资在风险影响方面具有大体相同的性质。

随着人们生活水平的提高、城镇化进程的加快以及人口老龄化的加剧，我国政府的养老金支出将会越来越多。养老金缺口实际就是养老金的隐性负债，是由于养老保险收不抵支而产生赤字的潜在因素，或者说是我国养老保险制度转制过程中必须填补的传统制度下的养老金欠账，这种欠账虽然近期不会马上转化为赤字，但会随着“老人”和“中人”退休年龄的临近而逐步显性化。对于我国隐性养老金债务规模的问题，很多学者做过测算，估算的结果也不尽相同。根据测算结果发现，我国养老金债务的规模随着时间推移呈现上升趋势，《现行统账结合模式下隐形债务预测与测算》的报告称，以 2012 年为基准，社会统筹账户的隐形债务为 83.6 万亿元，个人账户的隐形债务为 2.6 万亿元，合计城镇职工基本养老保险统账结合制度下的隐形债务为 86.2 万亿元，占 2012 年 GDP 的比率为 166%。目前养老金的风险主要集中在两点：一是养老金缺口越来越大；二是养老金隐性负债显性化的速度越来越快。

此外，短期外债占比较高的国家极易因国际流动性不足，导致清偿力不足。当债权人得知该国缺乏足够的清偿能力时，就有可能发起抛售冲击，最终沿着“期限错配→流动性不足→融资受限→抛售冲击→危机爆发”的链条使政府资产负债表风险演变为危机。根据美国财政部 2016 年 12 月公布的数据显示，中国在 10 月份增持美国国债 107 亿美元，拥有美国国债额首次超过 1.3 万亿美元。同时，由于我国政府特殊的地位和职责，其资本性投资多为资金量大、资金回收时间长的项目，资产现金流不匹配问题严重。

2.2.3 政府信用风险管理

2.2.3.1 一般风险管理

李扬等学者的专题研究指出，国家资产负债表近期面临的主要风险点体现在房地产信贷、地方债务以及银行不良贷款等项目，中长期风险更多集中在对外资产、企业债务和社保欠账，政府应根据不同时期的风险点对症下药。就我国政府而言，信用风险是目前政府资产面临的显著风险之一，市场风险和流动性风险相对较小。

市场风险方面，政府可以通过分析央行资产负债表，了解外汇储备的数量、结构和期限信息，可以利用这些数据构建参考指标体系，以便主体发现外汇储备配置过程中的不合理而可能导致的汇率波动风险。对政府投资而言，政府和政府控制的企业可以尽可能选择多个国家、多种货币进行投资，在同一币种中选择不同类型、不同期限的投资方案进行投资。对融资而言，政府和政府控制的企业可以通过多种货币、多种渠道筹资。

流动性风险方面，政府要完善资产负债表和财政收入支出表，从根本上管理当前和未来的现金流入和流出、检查财政盈余和赤字情况、监控现金流量的以及检查流动性危机的“早期预警”指标等，对流动性资产、现金、可变现证券和固定资产等占总资产的比例设置一个比例限制。面对养老金支出的缺口，政府应尽快采取措施控制养老金风险，如完善商业保险市场，鼓励个人参加商业保险；放开计划生育政策，缓解人口结构不平衡；逐步推迟职工退休年龄等措施。

2.2.3.2 信用风险管理

地方政府的信用风险可以运用地方政府信用评级等手段进行识别、预防和管理。区别于上市公司以及行业信用违约管理系统，地方政府信用评级服务于中国地方政府的债务问题，是衡量地方债信用风险的关键依据。通过对地方政府进行信用评级，有利于确定地方债的定价水平，形成与地方政府风险相匹配的市场化的地方债定价体系。在信用评级的过程中，根据地方政府的投融资行为，逐步建立并完善地方政府资产负债表和财政收入支出表，有利于地方政府动态监控自身的融资能力和债务管理能力，可对自身未来五年的资产负债情况及财政收入支出情况做出全面预测，并纳入预算管理。同时，也为评级机构提供了确定地方政府信用水平的重要评价工具。

长期以来，地方政府债务是地方政府创造 GDP 的主要资金来源，若要戒除地方发展对投融资的依赖、改变其投融资行为模式，地方政府需要“地方政府金融”这一新金融业态服务，以解决其在投融资过程中泛滥的道德风险和预算软约束问题，从而优化自身行为模式，而这项新金融业态的核心就是地方政府信用评级制度。地方政府金融的本质就是将地方政府看成是企业，为其编制地方政府资产负债表和财政收入支出表；通过对资产负债情况，财政收入支出情况、总体经济情况、和潜在风险因素的分析，提供一系列债务管理方面的量化指标，并对地方政府进行信用评级；在此基础上，引入市场机制更为有效地解决地方政府融资问题，提升投资效益；地方政府信用评级及其变化应纳入地方政府业绩考核体系，根除地方政府唯 GDP 论英雄的行为模式。北京大学光华管理学院推出的中国地方政府经济、财政及金融动态综合一体化框架（CLEFF）即是以此为核心内涵，该框架旨在通过对相关基础数据的系统、定量、动态分析，为地方政府进行体检，并对当地经济发展战略的合理性以及前景给出评估意见和对策建议，引导政府职能转变，遏制地方政府借债冲动，化解地方债务风险。

以中国南方某个经济相对不发达的地级市作案例，系统介绍地方政府信用评级制度的建立方法。

第一步是以大量第一手数据展开分析，帮助该市政府编制了该市从2008年至2017年的资产负债表和财政收入支出表。通过对照报表及其宏观经济情况，结合当地的经济情况、财政情况、金融情况和风险因子所做的综合分析，得出了该市A+的信用评级，测算出未来五年该市在信用评级不发生变化的前提下可融资规模的上限。

第二步，对该市经济发展的有利因素和不利因素进行分析。

第三步，为该市未来债务管理提供了一个预警和监控体系，同时建议该市将信用评级纳入地方政府的业绩考核指标体系，改变地方政府“只借不还”的行为模式。

目前“地方政府金融”已经在全国7个城市试点，并取得了很好的效果。另有多地财政局、财政厅表示希望可以在当地推行政府信用评级制度，借此考核政府业绩、优化地方政府的行为模式。地方政府金融在更大范围内推广将有利于解决地方政府债务问题和真正改变地方政府行为模式。

第一，通过对地方政府资产负债表和收入支出表的编制和动态分析，可以加强地方政府财政稳健性，金融风险可控性和经济发展可持续性。

第二，有助于建立地方政府全口径预算体系，改善投融资体制。

第三，通过市场机制建立政府信用评级体系有利于实现对地方政府的有效监管，改进地方政府业绩考核，转变地方政府行为模式。

第四，有利于利用市场资本和民间资本，解决地方政府债务问题。

2.3 个人资产风险管理

随着中国近年来的经济发展，居民个人资产总额持续攀高，资产的累计产生了投资的需求，但是由于目前我国的金融市场还不够健全，个人投资者自身投资经验不足，风险认识不到位，期待“一夜暴富”心理明显，因此在保证风险可控的前提下，针对如何实现个人资产最大化的保值增值问题，以及目前资产管理中存在的不合理状况，本文接下来对此进行了梳理。

2.3.1 个人投资者的问题分析

2.3.1.1 风险识别与管理缺陷

首先，从市场的角度看，风险可以被分为系统风险和非系统风险；从时间跨度上看，风险又被分为短期的波动风险和长期的通货膨胀风险。在资产管理的过程中，人们可以通过分散投资对象来解决非系统风险问题，通过长期持有资产来回避波动风险、对抗通货膨胀风险，通过分散投资时间点来解决系统风险问题。

其次，期权期货交易、外汇交易、黄金交易以及股指期货等金融产品极大地活跃了资本市场，但是对个体投资者风险过高，虽然有人曾经通过成功的投机套取了大量的利益，但是这些成功不具有可复制性，也很难使投资者获得持续可预测的收益，所以不建议个体投资者主动参与此类具有投机交易的投资行为，可以作为对冲风险的工具备用。

最后，“工欲善其事，必先利其器”，正确识别金融产品的类别和风险，是个人投资者保证自身资产保值增值的必备知识。

2.3.1.2 股票市场有效性缺陷

是否认为中国股票市场是有效市场？是否认为股市中基本分析和技术分析是有用的？不同投资者对这两个问题的不同看法，直接决定了他们在股市中的行为。对于相信中国股票市场是有效市场的投资者来说，基本分析和技术分析是毫无价值的；对于相信基本分析和技术分析的投资者来说，他们不可能认为中国股票市场是有效的。个人投资者究竟应该如何看待这两个问题之间的关系，他们究竟在多大程度上相信中国股票市场的有效性，这是投资者在进入股市之前必须慎重思考的问题。

2.3.1.3 金融市场理论应用不足

相关系数是用来衡量两种不同类型资产收益之间的相关程度，当两种资产完全正相关时，其相关系数为1。当两种资产完全负相关时，其相关系数为-1。当两种资产完全不相关时，其相关系数为0。相关系数的意义在于通过寻找相互之间具有稳定的低相关性或负相关性的成对资产，投资者可以得到一个波动较低的并且收益稳定的资产组合。这个定义对于接受过金融学或经济学基础教育的个体投资者来说并不会陌生，但是中国目前大多数个体投资人群，或者说股市的大多数个体参与者并没有接触过基础的金融学教育，尚未建立基本的风险控制理念。

金融学中，金融产品定价包括CAPM模型、B-S模型、APT模型等，接受过金融学或经济学基础教育的投资者一般会承认，金融产品有一个均衡价格，这个价格围绕价值上下波动，不会长期偏离。但是对于缺少相关知识的投资者，他们对金融产品没有合理的价格预期，一味地捧高压低，被机构投资者利用，创造了不少中国股市“奇迹”。

2.3.1.4 个人投资者投资扎堆

资产管理就像一场多兵种大兵团的联合作战，各资产间相互配合、步步为营、稳扎稳打才是制胜的法宝。投资者应该逐渐培养同时购入多种金融资产的意识，不要把鸡蛋全放在一个篮子里。除了长期受到中国投资者关注的股市，个人投资者还可以适当考虑众筹、货币市场基金、私募等。

2.3.2 个人投资管理的对策研究

2.3.2.1 正确识别风险

在资产管理中，风险被定义为预期的投资资产收益不能实现的概率，特别是指所持资产价格下跌的概率，是资产的未来收益可能出现的波动率或者离散度的一种自然度量，用标准差予以表示。通俗地理解，风险就是投资者遭受损失的可能性。

现代投资组合理论将投资风险分为系统风险和非系统风险，每一项投资资产都具有系统风险和非系统风险。系统风险是指由于某种全局性的因素因而对所有资产收益都产生作用的风险，这种风险来源于宏观方面的变化并对金融市场总体发生影响。非系统风险是由个别资产本身特殊情况所造成的风险，与整个市场无关，它包括财务风险、经营风险、信用风险、偶然事件风险等，可以通过适当的投资组合来弱化甚至消除非系统风险，属于可分散风险。

从资金管理的角度看，还可以将风险划分为长期通货膨胀购买力风险和短期波动风险，其中通货膨胀风险是一个长期的过程，其损害程度只会逐渐体现，对付息类投资资产的损害最为严重，而短期波动风险能让投资者在短期内强烈地感受到自己的损失，对权益类投资资产的影响最严重。但是两种风险究竟谁大谁小，需要结合具体情况具体讨论，投资者应该修正短期波动风险大于通货膨胀风险的概念。

2.3.2.2 择时进入市场

大多数投资者并不相信中国是完全有效的市场，也不会完全相信基本分析和技术分析，大多数人会在两者之间摇摆不定。个人投资者很难准确预测短期内的资产价格走势，并且也不关心该资产价格的历史走势，但是投资者可以根据自身经验、市场信息甚至内部消息对某项资产内在价值做出精确评估，去寻找市场价格低于其内在价值的资产。一旦发现这样的资产，就可以择时买入并持有至该资产市场价格高出其内在价值。这种投资策略认为市场最终一定会准确反映资产的真实价值。

2.3.2.3 投资者行为控制

个人投资者相对于机构投资者，改变投资策略，做出买卖决定，只需要自己做决定，虽然具有更大的灵活性，但是往往表现得不够理性。华尔街有句名言：市场是由贪婪和恐惧两种力量推动的。个体投资者受这两种力量的推动更加明显，而如果克服不了这两种心理，投资者将永远无法摆脱最终的失败，所以投资者自身行为控制是控制个人投资风险的重要一环。

当周围的人都丧失理智时，投资者需要保持冷静。眼光放远、长期投资是投资者自我控制的有效方法，放弃追逐短期暴利的念头，关注财富长期稳定的积累过程，可以排除短期资产价格波动对投资者所造成的负面心理影响，减少频繁交易次数，从而令投资者保持冷静的头脑，做正确的决策。保持耐心、坚定资产分配及其再平衡法则的信念、相信现代投资组合理论，善于学习，始终保持开阔的视野，以一种科学的投资观统领大局。坚持投资过程的纪律性，不为暂时的利益和损失所动，持之以恒，以博取市场增长所带来的长期收益。

2.3.3 个人理财产品风险管理

本部分结合商业银行理财产品，具体阐释个人资产的各类风险。

2.3.3.1 个人理财基本概念

美国对个人理财的定义是指如何制定合理利用财务资源、实现客户个人人生目标的程序。个人理财的核心主要是根据客户的资产状况与风险偏好来实现客户的需求与目标，根本目的是实现人生目标中的经济目标，同时降低人们对未来财务状况的焦虑。银监会对商业银行个人理财业务的界定是指商业银行以个人客户的理财需求为目标，充分运用银行的资源和优势，为个人客户确定理财目标、实施理财计划和提高理财效率而提供的一系列多功能、专业化、综合化服务，其内容既包括投资、融资服务等一系列传统的个人业务，也包括个人理财生涯规划、理财策划、理财方案设计与实施、理财资讯服务和资产管理等多种创新业务。由于受到金融业分业经营，利率、汇率非市场化等制度性因素的制约，我国商业银行的个人理财业务具有其特殊性。银保监会在所颁布的《商业银行个人理财业务管理暂行办法》中，对商业银行个人理财业务有如下的界定：本办法所称个人理财业务，是指商业银行为个人客户提供的财务分析、财务规划、投资顾问、资产管理等专业化服务活动。

2.3.3.2 个人理财业务的必然性

从个人理财服务的供给端，商业银行的角度来看，首先是要扩大市场份额。商业银行的高端客户不断被保险、基金、证券、信托所蚕食，普通用户大多流向各种新兴互联网金融机构，商业银行需要以理财产品作为开端，尝试为客户提供不同的产品组合来留住原有客户，还可以挖掘新客户，不断培养潜在客户；其次是要实现利润增长。我国银行的盈利主要来自存贷利差收入。但在经济下滑，宏观调控收紧，利率市场化和互联网金融机构的冲击下，传统的贷款业务带来的利益空间不断变小。银行需要培养新的利润增长点；最后是银行需要突破资本金的约束，近年银行监管层逐步加大对资本充足率的管理。商业银行通过发展理财产品等中间业务，不仅可以改善利润构成，也可以优化资产负债结构，减少风险资产的占用，为银行放贷提供更大的自由度。

从个人理财的需求端，中国居民的角度来看，首先居民对资金保值增值的需求越来越大。改革开放 40 年来，中国居民的人均收入普遍提高了，随着资金的积累，投资需求自然产生了。伴随着经济快速发展，我国通货膨胀水平常年保持 3%及以上的水平，所以居民必须对已有资金进行合适的投资管理，以实现保值增值；其次是由于客户普遍缺乏专业的金融投资知识，面对多样化的金融产品和金融市场，难以进行科学合理的决策。迫切需要商业银行合理地利用信息、设备、人才、知识和声誉等方面的优势，提供个性化、专业化的投资理财服务；最后是我国居民投资者普遍风险承受能力较低。与其他投资方式相比，银行理财产品其风险要远远小于股票，在风险几乎相同的情况下，其收益率又要高于同期国债，适合大多数投资者的需求。

2.3.3.3 个人理财业务的风险

（1）市场风险

市场风险主要指由于市场条件（如利率、汇率、宏观经济指标、股市等）发生了变化，可能给银行未来收益带来的不确定性。由于商业银行理财产品同众多要素市场（如股票、债券、外汇、基金、衍生产品等金融工具）相关联，产品收益与市场的变化有关，这无疑是对商业银行市场风险管理能力的考验。以利率风险为例，它主要指各国货币之间汇率的变化导致理财产品收益率遭受损失的可能性。作为国内客户，持有的本币是人民币，那么，在人民币升值背景下，即使境外资本市场的投资收益率高于国内（外币投资产品的收益率高于人民币投资产品），这种较高的投资收益率也会被弱化甚至抵消。

（2）信用风险

商业银行理财产品产生的信用风险，包括投资产品交割前的风险和交割的风险。主要有两种情况：一种情况是指交易对手没有能力或没有意愿履行交易的可能性；另一种情况是指由于交易标的资产评级下调等原因导致资产的经济价值或市值下降的可能性。前者集中关注交易是否违约，通常又称之为违约风险；后者关注在假设不违约的前提下，交易标的资产质量的潜在变化，通常又称之为信用利差风险。

由于交易违约是交易标的资产质量恶化的极端状态，两种风险并无本质的区别。如商业银行在投资某项金融衍生产品时，由于其发行者未获得监管部门的批准而缺少许可，所面临的潜在风险。相较于市场风险的外生性，信用风险的最大特点是其内生性，即导致交易对手违约的主要因素是其自身的能力和意愿。这一差异决定了对信用风险进行衡量防范时不仅需要计量手段，更需要理论分析。尽管存在着许多方面的不同，信用风险模型和市场风险模型大的框架基本相似：识别和计量风险因子，建立从风险因子到风险损失的对应关系。具体到理财业务，结算前信用风险限额可采用传统信贷业务信用额度的计算方式，根据交易对手的信用状况计算；结算信用风险限额应根据理财计划所涉及的交易工具的实际结算方式计算。

（3）操作风险

操作风险包括银行理财业务过程中可能出现的内控失效风险、流程失败风险、信誉风险、法律风险、合规风险、运营风险和监管风险等。具体来说包括，理财资金的运用管理不透明引发的监管风险，理财资金运用管理信息不透明引发的法律风险，理财收益的分配或者管理费用的收取信息不透明引发的道德风险；银行—客户风险收益不对称等引起的相关操作风险等。

2.4 企业资产风险管理

2.4.1 企业金融资产

对企业资产负债表左侧的资产进行分类，可将企业资产大致分为三大类资产：实物资产、金融资产、无形资产。其中，实物资产的研究范围主要包括存货、固定资产、投资性房地产等；金融资产的研究范围主要包括货币资金、应收票据、应收账款、交易性金融资产、持有至到期投资、长期股权投资等；无形资产的研究范围主要包括专利权、商标权、土地使用权等。这三种资产由于其资产特征不同、计量属性不同，导致其风险表现的状态也不相同。在这里，我们主要对企业的金融资产及其风险进行进一步研究和讨论（见表 2-1）。

表 2-1 企业资产分类

资产名称	具体内容
实物资产	存货、固定资产、投资性房地产等
金融资产	货币资金、应收票据、应收账款、交易性金融资产、持有至到期投资、长期股权投资等
无形资产	专利权、商标权、土地使用权等

2.4.1.1 企业金融资产的含义

金融资产是资金供求矛盾契约化的产物，它代表所有者对有形资产所创造的部分收入流量的索取权。经济运行有两个显著的特点：一是资金收人的不平衡；二是资金使用权在一定条件下的可转让性。这两个特点决定资金供求矛盾与矛盾的解决方法。资金的富有者需要寻找资金利用的出路，资金需要者则在四处筹措资金。于是双方在相互选择与条件搭配的过程中，达成了一种金融契约。这种金融契约载体便是金融工具。对于金融工具的出售者，金融工具是一种金融负债，或者是负金融资产；而对于金融工具的购买者，该金融工具则是一种金融资产。所以对于一般的企业来说，其金融资产可以定义为：企业在为了适应其内外环境并谋求发展的过程中，出售或购买各种金融工具而获得的金融收益索取权。

2.4.1.2 企业金融资产的分类

（1）权益资产，包括发行股票、股权投资（即以入股的形式与他人合营企业或经营项目）。权益资产体现了投资人对企业或项目资产和收益的所有权。

（2）国内银行贷款，一般包括长期贷款、短期贷款。银行通常把超过一年的贷款归为长期贷款；短期贷款主要是流动资金贷款，期限在一年以内。

（3）国外贷款，包括外国政府贷款、国际金融组织贷款、出口信贷、国际商业贷款等。

（4）发行债券，包括企业债券和境外债券。企业债券是指企业为项目建设和经营发展而向公众发行的债券。企业债券有固定利率和浮动利率之分，我国企业债券通常为固定利率。境外债券是指企业在国外向外国投资者发行的外币债券。

（5）金融投机资产，一般指金融衍生工具如期权、期货，以及外汇投资和黄金买卖。

2.4.1.3 企业金融资产的作用

（1）企业金融资产是明晰与界定企业产权的最有效的工具

产权明晰，是指以法律形式明确出资者与公司的基本财产关系；产权界定，是明晰财产关系中的排他性、可分割性和交易性。金融资产作为资金供需平衡的金融契约在法律上明确规定了筹资者应承诺的代价风险等义务；同时，明确规定供给者享有的收益、安全和流动性等权利。因此，金融资产作为一种产权载体，具有鲜明的排他性，可分割性与可交易性特点，是一种最理想的产权界定工具。

（2）企业金融资产为企业创造了良好而广阔的发展空间

金融资产交易在一定程度上克服了企业资金运动收支不平衡的矛盾，使企业的本期支出可以大于本期的收入，这对于企业在快速发展时期是十分有意义的。

（3）企业金融资产可以有效地配置市场资源

市场机制是以价格为信号，以供求与交易为手段来分配资源使用方向的。金融资产可以促进资源向具有良好市场发展前景的企业流动，促使这类企业发展成规模经济；同时，金融资产自身的品种、期限、收益的风险性，又会有效抑制盲目投资，从而使市场资源得以有效配置。

（4）企业金融资产可以有效地调节企业的行为

契约化的契约金融资产规定了债权与债务的权利责任关系，可以有效地对企业的市场行为起到约束作用。同时，企业金融资产通过收益率可以事前调节企业的经济行为，它比商品价格事后调节企业经济行为更能减轻企业经营中的经济过度波动。

2.4.2 企业资产面临的风险

2.4.2.1 实物资产的风险

实物资产主要包括存货、固定资产、投资性房地产等。存货所面临的风险是指存货价值受到市场价格波动或是实体毁损等影响而致使其不能按照历史成本进行变现；固定资产的风险表现为所生产的产品所获取的货币资金不能够补偿固定资产的折旧；投资性房地产的风险表现为可能不能实现预期的资本价值，成本模式计量反应为可收回金额低于其账面价值，公允价值模式计量表现为公允价值波动导致其减值。此外，对于实物资产和无形资产管理的风险主要包括领用、保管、使用和处置环节风险。企业资产领用没有履行相应的审批手续，账目混乱，账实不符或者使用效率低下。因保管不善发生毁损、浪费；无形资产因权属不清，导致法律纠纷，造成经济损失。另外，对资产处置没有严格执行国家有关规定，没有严格审核审批程序，造成资产处置不合法，不合规矩或舞弊等现象。

2.4.2.2 金融资产的风险

所谓金融风险，就是指在资金的融通和货币资金等的金融资产经营过程中，由于各种事先无法预料的不确定因素带来的影响，使金融资产经营者（即企业）的实际收益与预期收益发生一定的偏差，从而有蒙受损失或获得额外收益的机会或可能性。

从企业金融风险的概念可以看出，企业金融风险包含以下内容：

第一，企业金融风险的研究主要是针对资金的借贷和经营过程中存在和发生的风险，并分析此类风险对资金借贷者与金融资产经营者的收益影响。

第二，企业金融风险的研究把金融风险对资金筹集者和资金经营者的影响看成是双重的，既有蒙受经济损失的可能，又有获得超额利润的可能。对金融风险的研究，不仅指出风险的消极作用，而且更加注意它所包含的积极因素与积极作用。

第三，企业金融风险的研究，将金融风险作为调节社会经济运行的一种客观的经济机制来看待，也就是说，金融风险可以与经济过程中的许多复杂因素相互作用，并使经济系统形成一整套自我调节和自我平衡的机制。

第四，企业的金融风险不仅包括可以计量的风险，而且还包括不可计量的风险。

企业金融风险特点如下：

（1）金融风险的随机性，即金融风险的发生及后果都具有偶然性。金融风险是否发生，何时、何地以及以何种形式发生，危害的程度，危害的范围都难以确切地知道与估计。

（2）金融风险的客观性，即金融风险的发生是一种不以人们主观意志为转移的客观存在。如股市与汇市行情的涨落，期货与期权市场的沉浮，银行与证券公司的兴起与倒闭，股份公司的兼并与破产，这都是独立于企业的主观意志之外的，是一种客观存在。

（3）金融风险的统计性，在一定条件下，人们根据大量的统计数据，对某一类型的金融风险可以得出其发生的统计规律以及相应的变化趋势，这就为人们预测与识别金融风险提供了可能。

（4）金融风险的相对性，金融风险的影响程度总是相对投资主体而言的。同样的金融风险对于不同的投资主体有不同的影响。由于不同的投资主体对金融风险的承受能力不同，因此对金融风险的反应也不同。

（5）金融风险的可变性，即金融风险在一定条件下可以转化的特性。随着金融创新的不断发展，各种金融工具层出不穷，在带来十分便利的交易的同时，也必然伴随着许多新的金融风险。

按照表现形式的不同，金融风险可以分为市场风险、信用风险、流动性风险、操作风险、法律风险、国家风险和关联风险等类型。

2.4.3 企业金融资产风险管理

2.4.3.1 企业金融资产风险管理的含义

所谓企业金融资产风险管理，就是指各个企业在筹集和经营资金的过程中，对金融风险进行预测、识别、衡量和分析，并在此基础上制定相应的对策方案，以有效地防范、控制与处置金融风险，用最低的成本即最经济合理的方法来实现最大安全保障的科学方法。

由企业金融资产风险管理的含义可以看出，对金融风险，企业要建立起两种机制：一种是金融资产风险的防范与控制机制。即对可能的金融风险造成的损失既可以防患于未然，又可以对已发生与正在发生的金融风险产生的危害进行控制，使损失降到最低。另一种是金融资产风险的转换与利用机制。因为有风险也就有机会，所以要积极分析金融风险带给企业的机会，转化与利用金融风险，变不利为有利，为企业创造超额收益。

2.4.3.2 企业金融风险管理的目标

（1）金融风险发生前的管理目标

①经济目标。即利用合理的成本做好防范风险的工作。

②心理目标。风险可能给人们带来心理上的紧张不安，导致工作效率低下。金融风险管理的一个目标就是要减少人们这种紧张的情绪，给人们带来一种轻松的心理感受。

③义务目标。即投资主体要履行国家的各项有关经济与金融法规，履行必要的社会义务，减少违规行为。

（2）金融风险发生后的管理目标。

①生存目标。就是在风险发生后，企业要维持自身的生存。这是最基本、最重要的目标。

②恢复目标。金融风险可能给企业带来一定的损失，打乱了企业正常的经营步骤。此时，企业要尽快恢复其原有的业务，使企业经营走上正轨。

③收益目标。在可能的情况下，企业不但要维持原有的收益，还要尽可能地利用风险所带来的机会，扩大自己的收益。

④社会目标。即企业在金融风险发生后，要兼顾社会利益，使社会受到的损失尽可能减到最低。

2.4.3.3 企业金融风险管理的程序

（1）金融风险的预测与识别。就是对各种金融风险发生的可能性、时间、地点、性质、规模、趋势、危害与机会进行预测和分析。

（2）金融风险的评估。在预测与分析的基础上，对金融风险发生的可能性与后果的严重性进行评价与估计。

（3）金融风险应对方案的产生。即对可能发生的金融风险开发与设计各种可行的备择方案。

（4）金融风险管理备择方案的评估与最终方案的选择。对各种备择方案进行可行性分析，比较各个方案的优劣，并从中选择可靠性（即成功的概率）最高的方案作为最终方案。

（5）方案的实施与评价。即实施所选择的金融风险管理对策，并依据反馈信息与不断变化的客观情况与环境，及时对风险管理方案进行调整与修正，使之更能适应实际情况，以达到风险管理的目标。

2.4.3.4 金融风险管理的方法

所谓金融风险管理的方法，实际就是如何防范与化解金融风险所带来的危害，同时也充分利用金融风险可能带来的高收益的机会的策略。它包括以下几方面的内容。

（1）减轻金融风险

此策略的目标是降低金融风险发生的可能性或减少其后果的不利影响。对于已知与可控风险，企业可以运用金融风险防范准备金进行化解与控制。对于某项金融资产经营中一些不可预测与控制的金融风险，企业要采取迂回的策略，如修正经营策略、方案、目标与领域等。在实施减轻策略时，最好将资产经营活动中的风险降低到与其收益相匹配，且企业可接受的水平。

（2）预防金融风险

即采取有形与无形措施预防金融风险的发生。这包括两方面的措施。一方面是防止产生金融风险的因素出现。如规范企业的行为，严格各项规章制度，加强有关人员的培训，提高经营素质与风险意识等。另一方面是减少正在发生与已存在的金融风险因素。当企业金融资产经营环境发生不利的变化时，企业要采取相应措施，调整经营策略适应这种变化，尽量克服环境变化所带来的不利的风险因素。加强企业内部管理，对企业现有的一些金融资产经营中存在的管理上、组织上、结构上、人员上、控制上与沟通上等弊端，要积极消除，使之能减少到最低状态。

（3）转移金融风险

转移金融风险主要有三种方式：一是出售。通过买卖契约将风险转移给其他经营主体。如利用平仓的手段来减轻期权与期货交易中的风险，以及股票与债券的认购与抛售等；二是存单。存单是指资金的经营主体把自有货币存入银行而取得的对该货币资金的所有权证书。其实质是资金供给银行的同时，将资金经营中的风险也一同转移给了银行；三是合资。通过合资的方式，金融资产经营主体将金融风险分散给更多的合资方，有利于减轻经营主体的负担，也使经营主体能够承担更大的金融风险。

（4）回避金融风险

考虑到金融风险事件的存在与发生的可能性，主动放弃和拒绝实施某项可能导致风险损失的金融资产经营方案。避免金融风险是对所有可能会出现的金融风险的事业与活动尽可能地回避，以彻底消除风险损失。这种方法简单易行，但是这种方法只有在对金融风险所带来的损失完全有把握的基础上才是有意义的，而且在回避金融风险的同时也放弃了其中的收益机会，否则，在实际金融资产经营过程中，完全回避金融风险也是不可能的。

（5）自留金融风险

即金融资产经营者利用自行设立的金融风险补偿基金，自行承担风险损失发生时所产生的后果的处理方式。这种处理方式一般运用在金融风险所带来的危害比较小的情况下，或者是风险损失相对企业的实力比较小的情形。反之，这种方式则是很危险的。

2.4.4 主要风险管理

2.4.4.1 信用风险管理

（1）信用风险

信用是以偿还为条件的价值运动，多产生于融资行为和商品交易的赊销或预付之中，如银行信用、商业信用等。信用风险是指债务人或交易对手未能履行合同所规定的义务或信用质量发生变化，影响金融产品价值，从而给债权人或金融产品持有人造成经济损失的风险。

按照信用风险的性质，可将信用风险分为违约风险、信用评级降级风险和信用价差增大风险。按照信用风险所涉及的业务种类可以将信用风险分为表内风险与表外风险。按照信用风险素所产生的部位可以将信用风险分为本金风险和重置风险。按照信用风险是否可以分散，又可以分为系统性信用风险和非系统性信用风险。

信用风险是经济主体信用活动中的风险，既存在于企业、个人的商业信用中，更多存在于银行信用、国家信用当中。对大多数公司来说，贷款是最明显的信用风险来源。此外，信用风险还存在于债券投资等表内业务中，也存在于信用担保、贷款承诺等表外业务及衍生产品交易中。但是，公司正面临着越来越多除贷款之外的其他金融工具中所包含的信用风险，包括承兑、同业交易、贸易融资、外汇交易、债券、股权、金融期货、互换、期权、承诺和担保以及交易的结算等。

（2）信用风险识别

按照业务特点和风险特性的不同，公司的客户可划分为法人客户与个人客户，法人客户又可以分为单一法人客户和集团法人客户。对于单一法人客户而言，信用风险识别包括基本信息分析、财务分析、非财务因素分析和担保分析。对于集团法人客户而言，信用风险识别包括整体状况分析和信用风险特征分析。对于个人客户而言，信用风险识别包括基本信息分析和个人信贷产品风险分析。

信用风险管理不应当仅停留在单笔贷款或单一客户的层面上，还应当从贷款组合的层面进行识别、度量、监测和控制。贷款组合内的单笔贷款之间通常存在一定程度的相关性。正是由于这种相关性，贷款组合的总体风险通常小于单笔贷款性风险的简单加总。因此，风险分散化，即将信用资产分散于相关性较小或负相关的不同行业、地区、信用评级、业务领域的借款人，有助于降低公司资产组合的总体风险。与之相反，信贷资产过度集中于特定行业、信用评级和业务领域，将大大增加公司的信用风险。

（3）信用风险度量指标

①违约概率（Default Probability）

违约概率是指合约当事人在未来一定时期内发生违约的可能性。它包括两个层面：一是单一借款人的违约概率；二是某一信用评级所有借款人的违约概率。常用的违约概率估计方法主要有历史违约概率经验计算、统计模型和外部评级映射三种方法。以下介绍两种估算违约概率的方法。

➢ 根据统计学方法估算违约概率

通常使用的统计方法是 Logistic 回归。Logistic 回归可以直接预测观测量相对于某一事件的发生概率，此类模型是计算违约概率的传统工具。对现有客户的违约和不违约样本按 0~1 分类，根据业务规则，选取一定会计指标作为解释变量，回归模型可以写为：

$$\text{prob}(z=0)=\frac{e^{z}}{1+e^{z}}=\frac{1}{1+e^{-z}}$$

其中，$z=B_0+B_1X_1+B_2X_2+\cdots+B_PX_P$ 为自变量的数量，B_0 为常数，B_1 至 B_P 为自变量的系数，e 为自然数。不发生违约的概率为：

$$\text{prob}(z=1)=1-\text{prob}(z=0)$$

Logistic 回归的主要优点是它不需要有关变量的限制性统计假设。但是其存在的问题也很明显：在概率接近 1 或者 0 的时候，可能会出现低估现象；在概率接近 0.5 的情况下，则会出现高估现象。

➢ 根据市场价格计算违约概率

根据 Merton 的理论，借款人的违约概率取决于其资产市值的变化，债务合同被视为一种期权合约。对债权人而言，投放贷款就意味着卖出了一份贷款违约的看跌期权：当借款人资产的价值小于债务时，借款人就会选择违约。这样，借款人的损失仅限于股本损失，而对于债权人来说，其损失为借款人剩余资产和债务的差额，差额越大，损失越大。反之，当借款人的资产价值大于债务时，借款人会选择履行债务合同，即不违约。这样，借款人的损失仅限于利息，而债权人的收益亦仅限于利息。

KMV 公司的 EDF 模型认为，当企业的资产低于全部债务价值的某个临界水平时，企业一般会选择违约，并将这一临界点称为违约点（DPT）。它等于企业短期债务（STD）和一半长期债务（LTD）之和：

$$DPT = STD + 0.5LTD$$

以下为了计算方便，令企业资产在期初时为 V_0，在期末 H 的资产为 V_H，违约点处的债务为 DPT_H。则企业的违约概率为：

$$Q = prob[V_H \leqslant DPT_H]$$

同时，根据 Black-Scholes 期权定价模型，风险资产价值的变化被认为服从几何布朗运动过程，即：

$$\frac{dV_t}{V_t} = \mu dt + \sigma dz$$

其中，μ 为常数漂移项，代表资产回报均值，σ 为常数资产的回报波动率，z 代表一个维纳过程。假设对于所有时间 t，该风险资产的价值分布呈对数正态分布，即：

$$V_t = V_0 \exp\left\{\left[\mu - \frac{\sigma^2}{2}\right] t + \sigma\sqrt{t} Z_t\right\}$$

联立各式，同时将 t 换成 H，假设投资者是风险中性的，即将 μ 换成 r，则：

$$Q = prob[\ln V_0 + (r - 0.5\sigma^2) H + \sigma\sqrt{H} Z_H \leqslant \ln DPT_H]$$

$$= prob\left[Z_H \leqslant -\frac{\ln[V_0/DPT_H] + (r - 0.5\sigma^2) H}{\sigma\sqrt{H}}\right]$$

②违约损失率（Loss Given Default，LGD）

违约损失率是指交易对手的违约损失金额占违约风险暴露的比例。违约风险暴露（EAD）指债务人违约时预期表内表外项目的信用风险暴露总和。客户违约后给公司带来的债项损失包括两个层面：一是经济损失，考虑所有相关因素，包括折现率、贷款清收过程中的直接成本和间接成本；二是会计损失，也就是公司的账面损失，包括违约贷款未收回的贷款本金和利息两部分。

违约损失率的经验估计方法主要有以下两种：一是市场价值法。因为信用价差等于预期违约损失率，而预期违约损失率又等于违约概率乘以违约损失率，所以通过市场上类似资产的信用价差和违约概率可以推算出违约损失率。其假设前提是市场能及时有效反映债券发行公司的信用风险变化，主要适用于已经在市场上发行并且可交易的大公司、政府和银行债券。根据所采用的信息中是否包含违约债项，市场价执法又进一步细分为市场法和隐含市场法，其中市场法采用违约债项度量非违约债项违约损失率，而隐含市场法不采用违约债项，直接根据信用价差度量违约损失率。二是回收现金流法。该方法根据违约损失率的定义，按照每次违约的历史清收情况，预测违约贷款在清收过程中能够实现的现金净流入，再除以总的信用风险暴露头寸就可以得到违约损失率（LGD）。即

$$LGD=1-回收率=1-（回收金额-回收成本）/违约风险暴露$$

③信用损失（Credit Losses，CL）

信用损失是指信用风险所引起的损失。单一资产的信用损失为：

$$CL_i=I_i\times CE_i\times LGD_i$$

其中，$I_i(i=1，2，\cdots，n)$是服从伯努利分布的违约标示随机变量，即当第 i 种信用资产发生信用风险时 $I_i=1$，否则 $I_i=0$；设违约概率 $P(I_i=1)=p_i$，则 $P(I_i=0)=1-p_i$，I_i 的数学期望 $E(I_i)=p_i$ 标示预期违约概率，其方差为 $p_i(1-p_i)$；CE_i 为第 i 种信用资产的信用暴露；LGD_i 为第 i 种信用资产的违约损失率；称 $CE_i\times LGD_i$ 为违约损失或风险暴露，即违约发生后的损失。

n 种资产组合的信用损失计算公式为：

$$CL_P=\sum_{i=1}^{n}I_i\times CE_i\times LGD_i$$

④信用风险价值（Credit Value at Risk，CVaR）

信用风险价值又称信用 VaR，记为 CVaR，是指在一定置信度 c 下某信用资产或信用资产组合在未来一段时间内的预期最大信用损失，即

$$\text{Prob}(CL \geqslant CVaR) = c$$

⑤信用价差（Credit Spread，CS）

信用价差是指为了补偿违约风险，投资者要求企业信用债务提供的高于到期日相同的无风险收益的额外补偿。一般把剩余期限及现金流出流入结构相同的企业债和国债的到期收益率之差作为信用价差。根据风险中性定价计算的信用价差隐含式为：

$$p_0 = \sum_{i=1}^{n} \frac{E(CF_i)}{(1+r)} = \sum_{i=1}^{n} \frac{E(CF_i)}{(1+R_f+CS)}$$

2.4.4.2 市场风险管理

（1）市场风险

市场风险是指由于市场供求和价格因素（如利率、汇率、证券价格、商品价格、衍生品价格）发生不利变动而使公司的表内和表外业务或公司价值发生损失的风险。根据风险因素的不同，它可以分为利率风险、汇率风险（包括黄金）、证券价格风险、商品价格风险与衍生品价格风险。它们分别是指由于利率、汇率、证券价格、商品价格和衍生品价格的不利变动而使公司业务或价值遭受损失的风险。利率风险、汇率风险是最为主要的市场风险。

利率风险是指由于利率水平和利率结构的变化引起金融资产价格发生不利的变动而带来损失的风险。按照来源的不同，利率风险可以分为重新定价风险、收益率曲线风险、基准风险和隐含期权性风险。汇率风险是指由于汇率（外汇资产的本币价格）变动使某一经济主体以外币计值的资产、负债、盈利和预期未来现金流以本币度量的价值发生变动，从而使该经济主体蒙受经济损失的可能性。根据表现形式，公司经营活动中所面临的汇率风险可以划分为交易风险、折算风险和经济风险三类。

（2）市场风险识别

首先关于利率风险的成因有以下六个方面：①利率水平的预测和控制具有很大的不稳定性；②公司的资产负债具有期限结构的不对称性；③利

率计算具有不确定性；④为保持流动性而导致的利率风险；⑤以防范信用风险为目标的利率定价机制具有逆向选择风险；⑥公司的非利息收入业务对利率变化也越来越敏感。经济主体由于汇率变动而遭受的汇率风险主要源于外币敞口、跨货币交易与时间因素。

汇率风险的成因有三个方面，一是经济主体以外币计价的资产或负债存在敞口；二是汇率风险的产生源于经济主体的跨货币交易行为；三是汇率风险的产生与时间因素有密切联系。

（3）市场风险度量指标

①绝对价值指标

名义价值：金融资产根据历史成本所反映的账面价值；

市场价值：在评估基准日，在知情、谨慎、非强迫的情况下，资源买卖的双方通过公平交易资产所获得的资产的预期价值；

公允价值：交易双方在公平交易中可接受的资产或债权价值。

②收益率曲线

收益率曲线是指在由横轴为各到期期限、纵轴为对应的收益率坐标中，把期限不同但具有相同风险、流动性和税收的收益率连接而成的曲线，用以描述收益率与到期期限之间的关系。收益率曲线具有代表性、操作性、解释性、分析性等特性。

收益率曲线通常表现为四种形态：

一是正向收益率曲线，它意味着在某一时点上，投资期限越长，收益率越高，这是收益率曲线最为常见的形态。一种解释是由于期限短的金融资产的流动性要好于期限长的金融资产的流动性，作为流动性较差的一种补偿，期限长的收益率也就要高于期限短的收益率。

二是反向收益率曲线，它表明在某一时点上，投资期限越长，收益率越低。当资金紧张导致供需不平衡时，也可能出现期限短的收益率高于期限长的收益率的反向收益率曲线。

三是水平收益率曲线，表明收益率的高低与投资期限无关。

四是波动收益率曲线，表明收益率随投资期的不同，呈现出波浪变动，也就意味着社会经济未来有可能出现波动。

③敏感性指标

➢ β 系数

β 系数是由夏普（Sharpe，1964）等人提出的资本资产定价模型（CAPM）中给出的。CAPM 模型表明，在证券市场处于均衡状态时，单个证券的超额期望收益率（也称风险升水）等于市场组合的超额期望收益率的 β 倍，即

$$E(r_i)-r_f=\beta_i(E(r_M)-r_f)$$

其中 $E(r_i)$ 表示证券 i 的期望收益率，$E(r_M)$ 表示市场组合的期望收益率，r_f 表示无风险利率。

$$\beta_i=\frac{Cov(r_i,\ r_M)}{VaR(r_M)}$$

由于证券市场处于均衡状态时市场组合的非系统风险为 0，所以 β_i 度量的是证券 i 的系统风险。β_i 系数实际上反映了证券 i 的超额期望收益率对市场组合超额期望收益率的敏感性，因而是度量证券 i 系统风险的灵敏度指标。

➢ 风险因子敏感系数

风险因子敏感系数来源 Ross 于 1976 年提出的套利定价理论（APT），套利定价理论把单因素 CAPM 模型扩展为多因素模型，因而是对 CAPM 模型的改进和推广。Ross 认为证券收益率不会只受市场组合的影响，还可能会受注入通货膨胀率、证券市场组合指数等许多因素的共同影响，并可以表示为这些共同影响因素的线性组合，即套利定价理论的一般形式为

$$E\ (r_i)\ -r_f=\sum_{k=1}^{K}b_{ik}\lambda_k$$

上式表明证券 i 的超额收益率同时受到 k 个风险溢价因素 λ_k（k=1，…，k）的影响，系数 b_{ik} 就称为第 k 个风险溢价因素 λ_k 的风险因素敏感系数，表示证券 i 的超额收益率对风险溢价因素 λ_k 的灵敏度。

➢ 金融衍生品的敏感性度量

根据金融衍生品定价公式，金融衍生品的价格 F 可以表示成下面的隐函数形式：

$$F=F(S,\ t,\ r,\ \sigma)$$

其中，S 表示标的资产的当前价格，t 表示当前时间，r 表示无风险利率，σ 表示标的资产价格的波动率。根据多元函数的泰勒展开式，期权的价格变化可以近似地表示为：

$$\Delta F\approx\frac{\partial F}{\partial S}\Delta S+\frac{1}{2}\frac{\partial^2 F}{\partial S^2}(\Delta S)^2+\frac{\partial F}{\partial t}\Delta t+\frac{\partial F}{\partial r}\Delta r+\frac{\partial F}{\partial \sigma}\Delta\sigma$$

$$=\delta\cdot\Delta S+\frac{1}{2}\Gamma\cdot(\Delta S)^2+\theta\cdot\Delta t+\rho\cdot\Delta r+\Lambda\cdot\Delta\sigma$$

上式中的$\frac{\partial F}{\partial S}$、$\frac{\partial F}{\partial t}$、$\frac{\partial F}{\partial r}$、$\frac{\partial F}{\partial \sigma}$分别表示金融衍生品价格 F 对标的资产价格 S、时间 t、无风险利率 r 和标的资产价格波动率 σ 的敏感系数，并依次成为 δ（Delta）、θ（Theta）、ρ（Rho）、Λ（Vega），$\frac{\partial^2 F}{\partial S^2}$是金融衍生品价格 F 对标的资产价格 S 的二阶导数，表示敏感系数 δ 对标的资产价格 S 的敏感性，记为 γ（Gamma）。

④风险价值 *VaR*

风险价值是指在一定的持有期内，在给定的置信水平下，利率、汇率等市场风险因素发生变化给公司造成的潜在最大损失，可以表示为：

$$Prob(\Delta P<-VaR)=1-c$$

其中，Prob 表示概率测度，$\Delta P=P(t+\Delta t)-P(t)$ 表示组合在未来持有期 Δt 内的损失（负值），P(t) 表示组合在当前时刻 t 的价值，c 为置信水平，VaR 为置信水平 c 下组合的风险价值（正值）。

2.4.4.3 流动性风险管理

（1）流动性风险

流动性是企业获取现金或现金等价物的一种能力，是企业经营过程的生命力所在。当企业面对预期的和非预期的现金支出时，流动性可以使企业日常的经营活动得以正常运转，而缺少充足的现金资源会危及企业活力，增加企业出现更为严重的财务困境的可能性，甚至导致企业倒闭。那么，流动性风险就可以定义为由于缺乏可获取的现金和现金等价物而招致损失的风险，即由于企业不能在经济上以比较合理的成本进行筹资，或者不能以账面价值变卖或抵押资产以便偿还预期或非预期的债务而招致损失的风险。因此，稳定合理的流动性水平是一个企业赖以生存的基石，是企业正常经营的保障，流动性风险管理对于企业的可持续发展有着重要意义。

流动性风险贯穿于经济金融活动的各个方面，在整个金融体系中处于核心位置。流动性风险客观存在于经济金融体系的宏观、中观和微观三个层面，其中微观层面的流动性风险主要是金融机构和非金融企业所面临的风险，两者相辅相成，但由于金融机构的特殊性，非金融企业的流动性风险最终会进入金融机构，使流动性风险得以呈现；中观层面主要是指金融行业的风险，即银行业、信托业、证券业和保险业等所面临的行业流动性风险；宏观层面指由前两个层次的流动性风险所导致的严重经济、社会乃至政治危机的可能性。流动性风险在三个层面可以相互传导，并在自我循环中陷入流动性风险旋涡，最终可能引致严重的金融危机。

（2）流动性风险识别

流动性风险贯穿于企业经营的整个过程，要做到事前防范、事中监控和事后补救。然而，一旦企业产生了流动性危机，就可能面临着破产的风险，因此对企业流动性风险要从根源上认识并识别其风险因素，从源头进行管理控制。

对于非金融企业来说，按照企业流动性的来源，企业流动性风险主要可以分为筹资流动性风险、资产流动性风险、资产和筹资联合流动性风险三类。筹资流动性风险是由于企业不能在经济上以合理的成本取得未担保的筹资来源以应对债务而招致损失的风险。资产流动性风险是由于企业不能以经济上合理的成本将资产转换为现金而招致损失的风险。筹资流动性风险和资产流动性风险的产生原因基本相同，主要有以下几点：一是无法预测的现金流量；二是不利的法律或者管理部门的裁决；三是管理不善；四是负面印象和市场反应。当资产和筹资流动性风险联合在一起，原本试图保证增加流动性，结果可能造成不断增加的成本和不断降低的弹性水平进入一个恶性循环过程，即陷入流动性旋涡运动。一旦旋涡运动开始，企业每次想获取现金来源的计划都变成了新的危机、新的困难和新的成本。企业陷入旋涡运动会面临巨大的经营压力，将遭受陷入财务困境和失去偿付能力的危机或者风险。

对于商业银行而言，商业银行的流动性风险指银行不能随时以合理的价格筹集到足够的资金来满足客户的资金需要。流动性风险在商业银行的经营行为中最终体现为银行在任一时刻的偿付压力，而这一压力是与流动性缺口密切相关的。流动性缺口是一个受利率、经济增长率、通胀率、资产负债构成以及资产与负债之间匹配关系等多因素影响的变量，而且流动性缺口对以上因素反应的灵敏度会随着市场环境、银行规模和经营行为的变化有不同的表现。商业银行流动性风险管理的核心是尽可能地提高资产的流动性和负债的稳定性，并在两者之间寻求最佳收益平衡点。

（3）流动性风险度量

引起流动性风险的变量可能是动态的和无法预测的，进行流动性风险度量是相对复杂的。对于非金融企业流动性风险的度量，在这里提供以下几种方法。

①流动性比率

企业的财务状况是测量流动性风险的基础出发点。结合企业的经营活动，将影响企业流动性的财务比率指标分为偿债能力指标、现金流量指标、企业营运能力指标和企业盈利能力指标（见表2-2~表2-5）。

➢ 偿债能力指标

表 2-2 企业偿债能力指标

指标名称	计算公式	指标评价
流动比率	流动资产/流动负债	该比率越高，企业短期偿债能力越强
速动比率	（流动资产-存货-待摊费用）/流动负债	该比率越高，企业短期偿债能力越强
现金比率	现金及现金等价物期末余额/流动负债	该比率越高，企业短期偿债能力越强
营运资金	流动资产-流动负债	该指标越高，企业短期偿债能力越强
营运资金比率	营运资金/总资产	该比率越高，企业短期偿债能力越强
资产负债率	期末负债余额/期末资产总额	该比率越高，企业偿债能力越弱

➢ 现金流量指标

表 2-3 企业现金流量指标

指标名称	计算公式	指标评价
现金流量利息保障倍数	经营活动现金净流量/财务费用	该指标越高，企业偿付当期利息的能力越强
现金流量比率	经营活动现金净流量/流动负债	该指标越高，企业偿付短期债务的能力越强
现金到期债务比率	经营活动现金净流量/到期债务	该指标越高，企业偿付到期债务的能力越强
营业收入现金比率	经营活动现金净流量/营业收入	该指标越高，企业主营业务收入中获得现金的能力越强

➢ 企业营运能力指标

表 2-4 企业营运能力指标

指标名称	计算公式	指标评价
应收账款周转率	营业收入/应收账款期末平均余额	反映企业应收账款收回的速度和管理效率，该指标越高越好
存货周转率	营业成本/存货平均余额	反映企业在该时期内的存货周转速度，该指标越高越好
营运资金周转率	营业收入/营运资产平均余额	反映企业营运资本的运用效率，该指标越高越好
流动资产周转率	营业收入/流动资产平均余额	反映企业对流动资产的管理效率，该指标越高越好
总资产周转率	营业收入/总资产期末余额	反映企业全部资产的管理质量和利用效率，该指标越高越好

➢ 企业盈利能力指标

表 2-5　企业盈利能力指标

指标名称	计算公式	指标评价
每股收益	净利润/总股本	该指标越高，表明企业所创造的利润越多
净资产收益率	净利润/所有者权益	该指标越高，表明投资带来的收益越高
资产收益率	净利润/总资产	该指标越高，表明企业举债经营越有保障
主营业务利润率	主营业务利润/主营业务收入	该指标越高，表明企业经营的效益越好

②现金流量缺口

现金流量缺口的测量可以通过离散的时间段来作为基础，针对特定时段，计算到期现金流入和现金流出之间的差额，以判断企业在未来特定时段内的流动性是否充足。

③持有的金融资产流动性

金融资产流动性风险的测量可以通过以下几种方法：

➢ 非流动性指标，即考虑单位时间内单位成交金额所引起的价格振动幅度。该指标越大，非流动性越大，即流动性越差。

➢ 流动性敏感系数。

➢ 流动性风险方差。

➢ LA-VaR 模型。

对于商业银行而言，其流动性风险的度量可以从静态和动态两个方面进行（见表 2-6）。

静态指标包括以下内容：

表 2-6　商业银行流动性风险度量静态指标

指标名称	计算公式	指标评价
存贷款比率	贷款/存款	该指标越高，表明银行的流动性越差
核心存款比率	核心存款/总存款	该指标越高，表明银行的流动性越好
流动资产比率	流动性资产/总资产	该指标越高，表明银行的流动性越好
贷款占总资产的比率	贷款/主营业务收入总资产	该指标越高，表明银行的流动性越差

动态指标包括以下内容：

➢ 流动性缺口

流动性缺口是指在未来一定时期内，银行潜在的资金需求与资金工资的差额，即银行资产和负债之间的缺口。如果银行现有的流动性资产小于不稳定性负债，表明流动性缺口为负，该银行流动性不足，应尽快筹集资金弥补这一缺口。

➢ 融资缺口

融资缺口体现为总的融资需要量与稳定的资金来源之间的差额，被视为一种不稳定的融资，而不稳定的融资意味着银行必须通过不稳定负债来筹措新资金。

➢ 久期缺口

久期缺口=资产加权平均久期-（总负债/总资产）×负债加权平均久期

它可以用来衡量利率变化对商业银行的资产和负债价值的影响程度，以及对其流动性的作用效果。当久期缺口为正值时，如果市场利率下降，则资产价值增加的幅度比负债价值增加的幅度大，流动性随之加强；如果市场利率上升，则资产价值减少的幅度比负债价值减少的幅度大，流动性也随之减弱。当久期缺口为负值时，如果市场利率下降，流动性也随之减弱；如果市场利率上升，流动性随之加强。当久期缺口为零时，利率变动对商业银行的流动性没有影响。

2.5 智能金融风险管理

2.5.1 传统风险管理的难点

2.5.1.1 信息孤岛

信息孤岛是指相互之间在功能上不关联互助、信息不共享互换以及信息与业务流程和应用相互脱节的计算机应用系统。从定义上可以看出，信息孤岛是企业信息化过程的必然结果。而在计算机技术飞速发展和互联网应用普及的今天，信息化是企业管理的必然选择。因此，信息孤岛是企业进行风险管理不可避免的难题。信息孤岛导致了信息的重复输入和多口采集，严重影响了数据的实时性、一致性和正确性，进而影响了风险管理的效率和准确度。

2.5.1.2 信息不对称

从信息经济学的角度看，信息不完全和信息不对称导致了金融风险，显著地降低了金融市场的运作效率。信息经济学认为风险是由于不确定性而引起的可能性；相应地，金融风险就是人们在筹集和运用资金的活动中由于不确定性而遭受损失的可能性。风险概念的核心是不确定性。一般来说，信息不对称会带来逆向选择和道德风险。如果信息增加，信息的不对称程度减小，那么不确定性就会减小，风险就会减小。

2.5.1.3 风险量化复杂

风险量化是指通过风险及风险的相互作用的估算来评价项目可能结果的范围，也就是说，风险量化过程就是指确定有风险的变量所有的可能值并确定每个可能值的相对可能性的过程。量化分析就是将一些不具体、模糊的因素用具体的数据来表示，从而达到分析比较的目的。有许多因素造成了风险量化的复杂性。例如，机会和威胁可能会以不可预计的方式混杂在一起；单一的风险事件可能引发多个后果；量化模型的局限性；计算方法的准确性，等等。

2.5.2 智能金融与传统金融的风险对比

人工智能将颠覆传统金融时代的风控体系，智能金融相对于传统金融，它的特殊风险还来自以下方面：

2.5.2.1 内部操作风险

处于初创阶段的互联网金融企业，将重点放在金融业务和产品的创新与开发上，而未建立起完备的内部控制机制。由于缺乏良好的内控机制，互联网金融企业不能保证内部系统运行的安全与稳定，互联网金融企业是否对互联网账户授权使用，互联网金融的风险管理系统、从事互联网金融业务的机构与客户信息交流等进行严格的内部控制与互联网安全操作存在密切关联，一旦操作过程中出现失误，将会导致互联网金融企业内部控制风险。

2.5.2.2 客户操作风险

随着智能终端的普及和发展，移动支付已经成为金融服务的重要方式，但是也给互联网金融带来了诸如钓鱼网站等隐患，一旦由于病毒、黑客入侵导致客户资料被窃取，网银密码被盗取等，都会影响客户本身操作的精准度。

2.5.2.3 法律风险

我国的互联网金融起步较晚，但是发展迅速，在某些领域（如第三方支付）已经处于国际领先地位，但由于法律法规和互联网金融发展现状不匹配，如：网络金融的责任鉴定，网络金融交易合同的合法性，网络交易纠纷等。在经营主体的问题上，还存在着重复性与合规性的风险。重复性是指一些互联网金融平台所提供的金融服务类似于传统金融行业。合规性则是指网络金融运营者未取得相关部门的经营许可证，未得到证监会、银保监会等机构的认可，从而在法律上不具备运营互联网金融平台的资格。另外，还需要考虑到非法集资的风险。部分互联网金融平台为了控制风险，建立了风险资金池，由借款人前期支付“保证金”，若借款人按时归还借贷，再予以返还，在形式上，与“非法吸收公众存款”极为相似。在众筹模式下，若无明确投资项目，则资金归集形成的资金池同样存在非法集资的嫌疑。

2.5.2.4 声誉风险

金融的本质是信用。金融业一直是一个特别关注声誉的行业。结合了互联网“传播范围广、传播速度快”特点之后的互联网金融更应该充分认识到声誉管理的重要性。互联网金融的信誉受到多方面影响，如平台维护存在漏洞、安全措施不完善、平台系统易受黑客攻击、平台故障影响客户的操作体验等，这些因素无论大小都会降低潜在互联网金融的信誉水平，使企业平台蒙受损失。当平台的服务在某一方面与客户的期望存在偏差，客户通过网络平台传播其对平台的负面评价时将导致信誉丧失，最终冲击互联网金融的客户规模乃至平台的盈利情况。一旦信誉崩塌，其消极影响具有持久性，恢复信誉需要花费很长时间。

2.5.3 智能金融风险管理的基本原理

2.5.3.1 智能风险管理的基础——大数据

关于人工智能的时代，国际社会和国内专家都有从不同角度进行过研究，但共识是非常高的，1956 年提出人工智能概念以后，经过 60 多年的演进，特别是在移动互联网、大数据、超级计算、传感网、脑科学等新理论、新技术的引领下，及经济社会发展强烈需求的驱动下，人工智能出现了一些新特点。新一代的人工智能主要是大数据基础上的人工智能。数据是一切智能处理的基础。当今时代，数据管理成为核心竞争力，直接影响财务表现。当“数据资产是企业核心资产”的概念深入人心之后，企业对于数据管理便有了更清晰的界定，将数据管理作为企业核心竞争力，持续发展，战略性规划与运用数据资产，成为企业数据管理的核心。

2.5.3.2 大数据技术

(1) 大数据采集与预处理

在大数据的生命周期中，数据采集处于第一个环节。根据 MapReduce 产生数据的应用系统分类，大数据的采集主要有 4 种来源：管理信息系统、Web 信息系统、物理信息系统、科学实验系统。对于不同的数据集，可能存在不同的结构和模式，如文件、XML 树、关系表等，表现为数据的异构性。对多个异构的数据集，需要做进一步集成处理或整合处理，将来自不同数据集的数据收集、整理、清洗、转换后，生成为一个新的数据集，为后续查询和分析处理提供统一的数据视图。针对管理信息系统中异构数据库集成技术、Web 信息系统中的实体识别技术和 DeepWeb 集成技术、传感器网络数据融合技术已经有很多研究工作，取得了较大的进展，已经推出了多种数据清洗和质量控制工具，例如，美国 SAS 公司的 Data Flux、美国 IBM 公司的 Data Stage、美国 Informatica 公司的 Informatica Power Center。

（2）大数据存储与管理

传统的数据存储和管理以结构化数据为主，因此关系数据库系统（RDBMS）可以一统天下满足各类应用需求。大数据往往以半结构化和非结构化数据为主，结构化数据为辅，而且各种大数据应用通常是对不同类型的数据内容检索、交叉比对、深度挖掘与综合分析。面对这类应用需求，传统数据库无论在技术上还是功能上都难以为继。因此，近几年出现了 oldSQL、NoSQL 与 NewSQL 并存的局面。总体上，按数据类型的不同，大数据的存储和管理采用不同的技术路线，大致可以分为 3 类。

第 1 类主要面对的是大规模的结构化数据。针对这类大数据，通常采用新型数据库集群。它们通过列存储或行列混合存储以及粗粒度索引等技术，结合 MPP（Massive Parallel Processing）架构高效的分布式计算模式，实现对 PB 量级数据的存储和管理。这类集群具有高性能和高扩展性特点，在企业分析类应用领域已获得广泛应用。

第 2 类主要面对的是半结构化和非结构化数据。应对这类应用场景，基于 Hadoop 开源体系的系统平台更为擅长。它们通过对 Hadoop 生态体系的技术扩展和封装，实现对半结构化和非结构化数据的存储和管理。

第 3 类面对的是结构化和非结构化混合的大数据，因此采用 MPP 并行数据库集群与 Hadoop 集群的混合来实现对百 PB 量级、EB 量级数据的存储和管理。一方面，用 MPP 来管理计算高质量的结构化数据，提供强大的 SQL 和 OLTP 型服务；另一方面，用 Hadoop 实现对半结构化和非结构化数据的处理，以支持诸如内容检索、深度挖掘与综合分析等新型应用。这类混合模式将是大数据存储和管理未来发展的趋势。

（3）大数据计算模式与系统

所谓大数据计算模式，即根据大数据的不同数据特征和计算特征，从多样性的大数据计算问题和需求中提炼并建立的各种高层抽象（Abstraction）或模型（Model）。例如，MapReduce 是一个并行计算抽象，加州大学伯克利分校著名的 Spark 系统中的“分布内存抽象 RDD”，CMU 著名的图计算系统 GraphLab 中的“图并行抽象”（Graph Parallel Abstraction）等。传统的并行计算方法，主要从体系结构和编程语言的层面定义了一些较为底层的并行计算抽象和模型，但由于大数据处理问题具有很多高层的数据特征和计算特征，因此大数据处理需要更多地结合这些高层特征考虑更为高层的计算模式。

根据大数据处理多样性的需求和以上不同的特征维度，目前出现了多种典型和重要的大数据计算模式。与这些计算模式相适应，出现了很多对应的大数据计算系统和工具。由于单纯描述计算模式比较抽象和空洞，因此在描述不同计算模式时，将同时给出相应的典型计算系统和工具，这将有助于对计算模式的理解以及对技术发展现状的把握，并进一步有利于在实际大数据处理应用中对合适的计算技术和系统工具的选择使用。

（4）大数据分析与可视化

在大数据时代，人们迫切希望在由普通机器组成的大规模集群上实现高性能的以机器学习算法为核心的数据分析，为实际业务提供服务和指导，进而实现数据的最终变现。与传统的在线联机分析处理 OLAP 不同，对大数据的深度分析主要基于大规模的机器学习技术，一般而言，机器学习模型的训练过程可以归结为最优化定义于大规模训练数据上的目标函数，并且通过一个循环迭代的算法实现。因而与传统的 OLAP 相比较，基于机器学习的大数据分析具有自己鲜明的特点。

2.5.3.3 智能风险管理的效果

大数据智能风险管理模型对风险管理有着深远的影响。它对海量大数据的搜集、挖掘和利用以及分析算法的不断更新与完善显著提高了风险模型的预测能力和稳定性；智能系统的改善能够指数式地改变响应时间及效用，提供更广泛的风险覆盖，解决原有风险管理发现问题滞后的难题；显而易见，大数据智能风险管理的准确性和有效性进而增强风险决策能力，降低风险管理成本。

2.5.4 智能金融风险管控技术

2.5.4.1 智能风险管理体制

智能风险管理体制主要包括：风险管理政策制度流程体系、授权管理体系、风险限额管理体系、风险评价考核体系、风险奖惩处罚体系、风险责任约束体系、风险决策报告体系、资产质量管控体系。通过大数据应用来支撑全面风险管理体制机制，通过大数据信用风险管理手段嵌入信用风险全流程管理，通过事中监控平台嵌入操作风险和交易监控，通过反欺诈平台嵌入网络信贷等，通过大数据平台获得风险评价考核及报告，通过大数据决策分析获得公平奖惩考核结果等。

2.5.4.2 智能风控模型

智能风控模型将机器学习算法包括决策树学习、逻辑回归、聚类分析、深度学习、贝叶斯网络等与基于大数据存储的特点相结合。智能风控模型通过全面整合积累和收集的海量客户数据，并根据具体业务需求细化风险计量，为客户在业务规则、决策规则、客户风险定价等方面作出决定或预测（见图 2–3）。

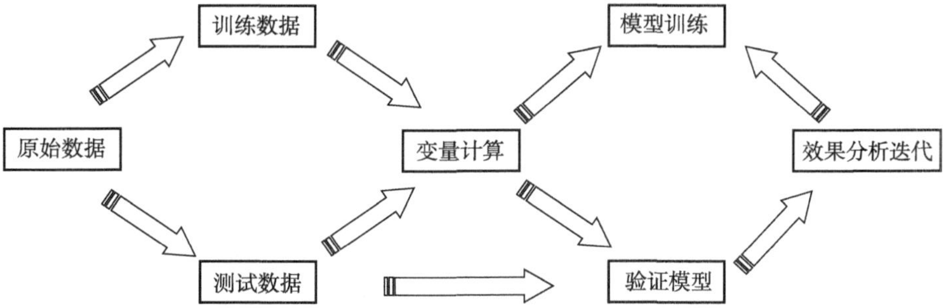

图 2–3 智能风控模型

（1）决策树学习

决策树（Decision Tree）是一种简单但是广泛使用的分类器。通过训练数据构建决策树，可以高效地对未知的数据进行分类。决策树有两大优点：决策树模型可读性好，具有描述性，有助于人工分析；效率高，决策树只需要一次构建，可反复使用，每一次预测的最大计算次数不超过决策树的深度。例如，判断一个用户是否可以偿还贷款，可以根据决策树构建步骤构建如下决策树（见图 2-4）。

基本步骤：

①开始，所有记录看作一个节点；

②遍历每个变量的每一种分割方式，找到最好的分割点；

③分割成两个节点 N1 和 N2；

④对 N1 和 N2 分别继续执行 2~3 步，直到每个节点足够“纯”为止。

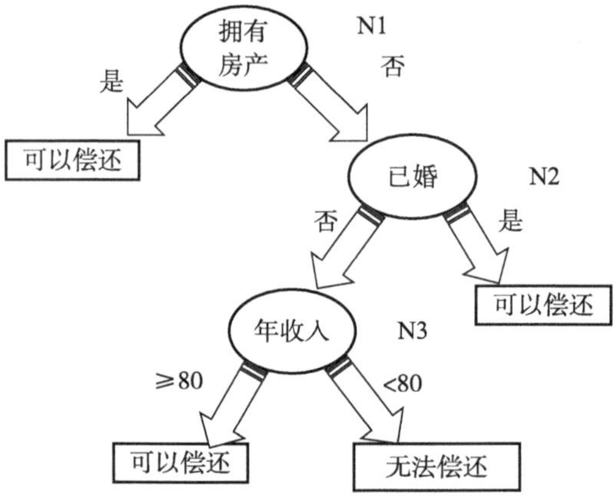

图 2-4　决策树

种类：

①数字型（Numeric）：变量类型是整数或浮点数，如例子中的“年收入”。用“≥”，“>”，“<”或“≤”作为分割条件（排序后，利用已有的分割情况，可以优化分割算法的时间复杂度）。

②名称型（Nominal）：类似编程语言中的枚举类型，变量只从有限的

选项中选取，比如例子中的“婚姻情况”，只能是“单身”，“已婚”或“离婚”。使用“=”来分割。

决策树的纯度可以用“Gini 不纯度”“熵”“错误率”等指标来进行判断，指标值越大，表示越“不纯”，越小表示越“纯”。决策树的构建过程是一个递归的过程，所以需要确定停止条件，否则过程将不会结束。一种最直观的方式是当每个子节点只有一种类型的记录时停止，但是这样往往会使得树的节点过多，导致过拟合问题（Overfitting）。另一种可行的方法是当前节点中的记录数低于一个最小的阈值，那么就停止分割，将 max（P(i)）对应的分类作为当前叶节点的分类。

（2）聚类分析

基本思想：

我们所研究的样品（网点）或指标（变量）之间存在程度不同的相似性（亲疏关系——以样品间距离衡量）。于是根据一批样品的多个观测指标，具体找出一些能够度量样品或指标之间相似程度的统计量，把这些统计量作为划分类型的依据。把一些相似程度较大的样品（或指标）聚合为一类，把另外一些彼此之间相似程度较大的样品（或指标）又聚合为另一类，直到把所有的样品（或指标）聚合完毕，这就是分类的基本思想。在聚类分析中，通常我们将根据分类对象的不同分为 Q 型聚类分析和 R 型聚类分析两大类。R 型聚类分析是对变量进行分类处理，Q 型聚类分析是对样本进行分类处理。

R 型聚类分析的主要作用是：1. 不但可以了解个别变量之间的关系的亲疏程度，而且可以了解各个变量组合之间的亲疏程度。2. 根据变量的分类结果以及它们之间的关系，可以选择主要变量进行回归分析或 Q 型聚类分析。

Q 型聚类分析的优点是：一是可以综合利用多个变量的信息对样本进行分类；二是分类结果是直观的，聚类谱系图非常清楚地表现其数值分类结果；三是聚类分析所得到的结果比传统分类方法更细致、全面、合理。

为了进行聚类分析，首先我们需要定义样品间的距离。常见的距离有：绝对值距离；欧氏距离；闵可夫斯基距离；切比雪夫距离。

聚类方法：

直接聚类法：先把各个分类对象单独视为一类，然后根据距离最小的原则，依次选出一对分类对象，归并成新类。如果其中一个分类对象已归于一类，则把另一个也归入该类；如果一对分类对象正好属于已归的两类，则把这两类归并为一类。每一次归并，都划去该对象所在的列与列序相同的行。经过 $m-1$ 次就可以把全部分类对象归为一类，这样就可以根据归并的先后顺序作出聚类谱系图。

最短距离聚类法：最短距离聚类法，是在原来的 $m \times m$ 距离矩阵的非对角元素中找出，把分类对象 Gp 和 Gq 归并为一新类 Gr，然后按计算公式计算原来各类与新类之间的距离，这样就得到一个新的（$m-1$）阶的距离矩阵；再从新的距离矩阵中选出最小者 d_{ij}，把 Gi 和 Gj 归并成新类；再计算各类与新类的距离，这样一直下去，直至各分类对象被归为一类为止。

最远距离聚类法：最远距离聚类法与最短距离聚类法的区别在于计算原来的类与新类距离时采用的公式不同。最远距离聚类法所用的是最远距离来衡量样本之间的距离。

（3）贝叶斯网络

贝叶斯网络又称信度网络，是 Bayes 方法的扩展，是目前不确定知识表达和推理领域最有效的理论模型之一。从 1988 年由 Pearl 提出后，已经成为近几年来研究的热点。一个贝叶斯网络是一个有向无环图（Directed Acyclic Graph，DAG），由代表变量节点及连接这些节点的有向边构成。节点代表随机变量，节点间的有向边代表了节点间的互相关系（由父节点指向其子节点），用条件概率进行表达关系强度，没有父节点的用先验概率进行信息表达。节点变量可以是任何问题的抽象，如测试值、观测现象，意见征询等。适用于表达和分析不确定性和概率性的事件，应用于有条件地依赖多种控制因素的决策，可以从不完全、不精确或不确定的知识或信息中做出推理。

贝叶斯网络的建造是一个复杂的任务，需要网络工程师和领域专家的参与。在实际中可能是反复交叉进行而不断完善的。面向设备故障诊断应用的贝叶斯网络的建造所需要的信息来自多种渠道，如设备手册，生产过程，测试过程，维修资料以及专家经验等。首先将设备故障分为各个相互独立且完全包含的类别（各故障类别至少应该具有可以区分的界限），然后对各个故障类别分别建造贝叶斯网络模型，需要注意的是诊断模型只在发生故障时启动，因此无须对设备正常状态建模。通常设备故障由一个或几个原因造成，这些原因又可能由一个或几个更低层次的原因造成。建立起网络的节点关系后，还需要进行概率估计。具体方法是假设在某故障原因出现的情况下，估计该故障原因的各个节点的条件概率，这种局部化概率估计的方法可以大大提高效率。

2.5.4.3 借助信息技术

借助信息技术构建全面风险管理体系架构是全面风险管理组织体系的重要内容，也是大数据时代商业银行风险管理的必要内容。全面风险管理的信息收集与传递路线设计为两个方向相反的过程：自下而上的信息收集传递路线和自上而下的风险管理决策信息传递路线。具有静态结构和有限交互路径的数据仓库时代已经过去。取而代之的是具有可得性的复杂多样的来源，包括社交媒体、电子邮件、传感器数据、商业应用、档案和文件。同时，取得和分析数据的速度急需崭新的方法。现在我们正步入数据湖时代。在数据湖时代，银行全面风险管理高度依赖信息系统的支持，即对风险相关信息的收集、储存、分析、加工、处理和传递。完善的信息系统以及蕴含在该系统中的数据将成为银行的隐形资产，成为银行核心竞争力的重要组成部分。

3　金融产品定制

只要你为数字提供清晰、服众的展现方式，数字可以告诉我们很重要的信息。

——Stephen Few

3.1　用户画像

3.1.1　概述

不同年龄、收入水平和主观风险偏好的投资者具有不同的风险承受能力，因此将适用不同的资产配置组合。通过用户画像分析，我们可以了解用户的人力资本、家庭现金流、流动性需求、投资规模、行为模式等方面的信息，并据此评估投资者的投资需求和风险承受能力。传统的用户画像分析主要采用问卷调查的形式，首先设计调查问卷，然后邀请人员参加调查，统计调查结果，对不同的问题赋予不同的权重，最后计算得分结果，并根据结果将投资者分为：保守型、谨慎型、稳健型、积极型、进取型。问卷调查的缺陷可能在于投资者对待问卷不认真、统计结果有误差，即使这些都能克服，那么投资者还可能“做的比选的更聪明”，即投资者在金融市场中做的真实决策和填写问卷时选择不一样。

如今，随着智能手机与互联网技术的不断发展与革新，投资者使用智能手机的时长和频数的不断增加，可获得的用户行为数据呈指数级增长。且从智能终端收集的数据具有大数据量、实时性、准确性、空间性、动态性的基本特征。这为刻画“用户画像”提供了新思路。

3.1.2 用户画像的定义

用户画像又称用户角色，在计算机中，用户画像是由标签集合构成的，是标签体系所构成的特征空间中的向量特征。其中，标签体系是一个层级目录，其每一级都是对空间的一个划分，如一级目录，其是对整个用户画像所构成的特征空间的一个划分，其从具体业务出发，将用户画像的特征空间划分为人力资本、家庭现金流、流动性需求、投资规模、行为模式等。其中，每一个一级特征又具体地细分为二级标签和三级标签、四级标签。

用户画像是一种勾画目标用户、联系用户诉求与设计方向的有效工具，它的主要构成有用户属性、用户行为、用户流失三个主要层次。三个层次分别对应着用户画像的全貌，用户属性即是用户的出生，用户行为即是用户的一生，用户的流失即是用户的消失。

3.1.3 用户画像的标签体系

用户画像主要来源于标签的描述与刻画，所以，合理准确地构建标签体系十分重要。从原始数据到最终的业务标签，从数据清洗到数据挖掘与机器学习，让建模方法能做到理解、了解人，并且从中得到归纳。本文结合金融市场的现实情况，制定了一种适合智能金融系统处理信息的用户画像标签体系。

签订合同				
↑				
业务层	用户购买欲望	用户购买时机	家庭财产的控制权	
↑				
营销预测	高风险高收益	稳健型	低风险低收益	
↑				
模型计算与匹配				
↑				
模型预测	风险承受能力	预期资金回报率期	预期资金回收期	流动性要求
↑				
原始输入层	个人/家庭 基本情况	个人/家庭 资产状况	个人/家庭 可支配财产	个人/家庭 月现金流

图 3-1　标签体系建立来源层级

如图 3-1 描述，本文认为标签体系应该具有如下的逻辑结构：

（1）原始输入层。主要是投资者自己填写的基本信息，如个人/家庭基本情况，个人/家庭资产状况等。

（2）模型预测。根据用户提供的基本信息，智能金融系统根据已有信息，预测出投资者的风险承受能力、预期资金回报率、流动性要求等。

（3）模型的计算与匹配。例如，智能金融系统从资产数据库中寻找已有的满足条件的金融产品，如果找到可以直接推荐给投资者，如果不能找到，可以在金融产品之间进行组合搭配，构建出适合特定投资者的特定金融产品。

（4）根据模型的预算结果，营销系统的工作人员也能够对这位潜在投资者进行大概的了解，判断其为风险爱好型、风险厌恶型或者风险中性。随着用户数据的积累，营销层还可以在这三大类基础上对用户更加细分。分析结果可以帮助营销人员分析潜在投资者心理，更容易达成交易。

（5）在业务层面，工作人员主要是利用智能金融系统中的数据，分析潜在投资者心理，帮助投资者最后下定决心签订合同，购买理财产品。

3.1.4 大数据时代下的用户画像

大数据时代用户画像和媒介策略的核心在于对用户轨迹点和接触点的理解。

首先，它源于数据的准确性。大数据时代一个鲜明的特征就是用数据说话，不关注原因和表象，只关注结果，强调既成事实，这颠覆了人类长久以来的思维惯例，对人类的认知和交流方式提出了全新的挑战。

其次，它拥有多维度的数据。以某高端手机品牌2014年的调研为例，其2014年1~12月在中国60座城市针对精英人士（30~45岁，购买6000元以上产品）和成功人士（45~55岁，购买6000元以上产品）展开了详细的调研，结论如下：目标人群生活轨迹非常清晰。目标人群每周固定去中高档饭店用餐1次以上，拥有一套以上单价为每平方米25000元以上、面积为100平方米以上的住房，休闲娱乐方式大多为看电视、电影，参加高尔夫俱乐部。目标群体也广泛接触电视媒体，周到达率为82.1%，经常出入本市著名的商业地段。有了这些多维度的数据，就能更准确地预测客户行为轨迹，而这些轨迹，就是大数据时代的产物。一切来源于大数据，一切围绕大数据，一切又为大数据服务。未来，大数据时代必定带来更多的变化。

3.2 金融产品集

3.2.1 金融产品的概念

金融产品（Financial Products）或称金融工具（Financial Instruments），是指资金融通过程的各种载体，是各种具有经济价值的，可进行公开交易或兑现的金融资产，是金融市场的买卖对象，供求双方通过市场竞争原则形成金融产品价格，如利率或收益率，最终完成交易，达到融通资金的目的，包括货币现金、存款、黄金、外汇、股票、期货、期权、债券、保险保单、汇票、基金和各种理财产品等。比如：我们可以用现金购买任何商品，包括金融产品；我们可以到银行承兑汇票（变成现金）；我们可以在相应的金融市场任意买卖（交易）股票、期货等；我们持有的债券、保单等到期可以兑现（变成现金）。

同样的金融产品，根据不同的使用者、不同的目的、不同的作用等，具有四种不同的名字，即金融产品、金融资产、金融工具和有价证券。以股票为例，对市场而言，股票是金融产品；对发行者而言，股票是融资的工具；对交易者而言，股票是投资或投机获利的工具；对公司财务而言，股票是金融资产或有价证券。

金融产品集成则是按照市场需求的内在因果关系将金融产品功能的逻辑叠加，可以分为三个层次：第一层次是单一产品集成化，是指将众多有效功能与某单一个体金融产品合理叠加，使其成为能够满足同一对象的多种或综合需求的集成式产品；第二层次是同类产品集成化，是指将众多有效功能与某一同类金融产品有序叠加，使其成为能够满足同一对象的多种或综合需求的集成式产品；第三层次是产品体系集成化，是指通过第一、二层级的集成化后，形成以“个体”“类”为单元的产品体系集成化，能够满足不同层次的对象对金融产品的多元化需求。

3.2.2 金融产品的分类

对于金融产品，可以从不同角度加以分类，下文将叙述几种主要的金融产品的分类方法。

3.2.2.1 按产品的收益和风险划分

按照金融产品的收益性和风险性特点，金融产品可以划分为四大类型：货币市场类金融产品、固定收益类金融产品、权益收益类金融产品和另类投资类金融产品。

（1）货币市场类

货币市场类金融产品是指金融主体发行的短期信用金融工具，具有期限短、流动性强和风险相对较小特点的金融产品，投资期限一般在一年以内，具体包括：活期存款、货币市场基金、债券质押式回购、货币市场型券商集合理财产品和一年以内的保本型银行理财产品（一年以内）。

（2）固定收益类

固定收益类金融产品是指投资于银行定期存款、协议存款、国债、金融债、企业债、可转换债券、债券型基金等固定收益类资产，这类金融产品收益不高但相对比较稳定，风险也相对较小，具体包括寿险（分红险和万能险）、债券、债券基金（标准债券型基金、普通债券型基金和特定策略债券型基金）、债券型券商集合理财产品（固定收益类资管产品）、固定收益类的信托、保本基金和保本型银行理财产品（一年以上）。

（3）权益收益类

权益收益类金融产品是指投资于股票、股票型基金等权益类资产，也包括部分非固定收益，或风险级别接近的非股权类理财产品，这类金融产品具有高收益高风险的特点，而且收益率的波动性也比较大，具体包括投连险、股票（A 股、B 股、H 股和国外股票）、股票基金（股票型基金、指数型基金和特定策略股票型基金）、混合基金（除保本基金）、QDII 基金（偏股型）、权益类券商集合理财产品（权益收益类资管产品）、权益受益类的信托、非保本型银行理财产品。

（4）另类投资类

另类投资类金融产品是指传统的股票、债券和现金之外的金融和实物资产，如房地产、艺术品和酒类等有形资产和证券化资产、对冲基金、私人股本基金、大宗商品等另类非传统金融资产。其中，另类非传统金融资产具体包括 PE（股权投资）、VC（风险投资）、对冲基金投资策略、金融衍生品、大宗商品（国际原油、基本金属、贵金属和农产品）、资产支持证券（实体资产证券化、信贷资产证券化、证券资产证券化和现金资产证券化）、其他基金、另类投资类信托、另类投资集合理财产品（另类资管产品）。

3.2.2.2 按产品形态划分

随着金融业的不断发展、投资者需求的多样化和个性化促使金融产品不断革新。根据产品形态不同，金融产品可分为三类，即货币、有形金融产品，无形金融产品。

（1）货币

货币是最早的金融产品，也是最常见的金融产品。随着货币制度的变化，它的形态也发生变化，从最初的实物货币（如贝壳、布帛等）发展到金属货币（如金、银、铜），最后出现了代用货币即纸币。

（2）有形金融产品

有形金融产品种类繁多，包括基础金融产品和衍生金融产品。基础金融产品包括存款、债券、股票、基金和外汇等，具体包括银行存款、流通存单、银行承兑汇票、商业票据、本票、预填日期支票、公债、短期国债、外债、民间债、公司债券、短期国库券、以实物偿还的债券、有奖债券、股票、支票、保险单等；衍生金融产品包括远期、金融期货、期权、互换等，其中，国内金融期货主要为货币期货、汇率期货、指数期货，国内现有的金融期货品种为上证 50、沪深 300、中证 500、5 年国债、10 年国债；场内交易的金融期权主要包括股票期权、股指期权、利率期权和外汇期权；金融互换也称金融掉期，除了传统的包括利率掉期、货币掉期、外汇掉期等类型，一大批新的金融互换品种不断涌现，包括交叉货币利率互换、基点互换、可延长互换、可赎回互换、零息互换、远期互换、互换期权、股票互换等。

（3）无形金融产品

无形金融产品即金融服务，是指金融机构运用货币交易手段融通有价物品，向金融活动参与者和顾客提供的共同受益、获得满足的活动，包括融资投资、信贷、结算、证券买卖、商业保险和金融信息咨询等多方面的服务，大体分为：放款、存款、国外服务、转账、储蓄、地点或时间型服务、信用服务等。

3.2.2.3 按发行者性质划分

按照金融产品发行者的性质划分，金融产品可分为直接金融产品和间接金融产品。

直接金融产品是指最后贷款人与最后借款人之间直接进行融资活动所使用的工具，由公司、企业、政府机构等非金融机构发行或签署。主要有以下几类：公司债、股票、抵押契约、公债券、国库券。

间接金融产品是指金融机构在最后贷款人与最后借款人之间充当媒介，进行间接融资活动所使用的工具。主要有：银行券、银行票据、可转让存款单、人寿保险、金融债券、各种借据等。

3.2.2.4 按产品期限划分

按照金融产品存续时间的长短，金融产品可以划分为短期金融产品和长期金融产品。短期金融产品一般是指偿还期限在 1 年及 1 年以内的货币市场的信用工具，主要有：各种票据（期票、汇票、支票等）、可转让存款单、国库券、短期融资券等；长期金融产品一般是指偿还期限在 1 年以上的资本市场的信用工具，主要有：股票、债券、各种基金。

3.2.2.5 按服务行业划分

根据金融产品的服务行业不同，我国现存的金融产品可以分为银行类金融产品、保险类金融产品、信托类金融产品、证券类金融产品、财务公司类金融产品和租赁类金融产品。

3.2.3 金融产品构成要素

一个金融产品是一系列具体规定和约定的组合。虽然不同的金融产品有着不同的具体规定和约定，但是，每一个金融产品通常都应包含以下 7 个内容。

3.2.3.1 发行者

任何金融产品都必须有其卖主，即发行者。债券的发行者就是债务人，没有债务人的债务关系自然是无法想象的。股票也一样，必须要有特定的发行企业，这一企业是股票认购者的共同财产。发行者通过出售金融产品取得收入，但不是任何个人或企业都可以向社会发行金融产品取得收入。与这样的金融收入相对应，发行者要承担相应的义务。

为了保证这些义务的履行，大多数金融产品的发行者在发行时要符合一定的条件，在发行后要接受金融管理机构和投资者的监督（如信息公开、业务活动的某些限制等）。

筹资企业在设计金融产品时首先要清楚，有权发行哪些产品。投资者也一样，在认购金融产品之前要明确对方有没有权利发行这样的产品。

3.2.3.2 认购者

不是所有的投资者都可以从金融市场上购买他想买的任何金融产品。有些市场（如银行间同业拆借市场）只向小部分金融机构开放。因此投资者在认购某一金融产品之前，首先应当了解自己有没有权利购买这一产品，企业在发行某一金融产品之前也应当知道这一产品的可能投资者以便估计潜在的资金来源。

3.2.3.3 期限

金融产品的期限有长短之分，在一般情况下，货币市场上的产品期限比较短，资本市场上的产品期限比较长。

金融产品的期限还可分为有限和无限。大部分债券和所有的货币市场产品都是有期限的。至于股票，从理论上说是无期限的，其存在的时间和企业存在的时间同样长。

筹资企业应当根据需要选择适当期限的金融产品。对于投资者也一样，认购的金融产品期限应当根据其资金的可投资年限来决定，过短或过长都分别要冒利率下跌或上升的风险。

3.2.3.4 价格和收益

价格是金融产品的核心要素。因为筹资者出售金融产品的目的是得到相当于产品价格的收入，投资者的投资额正好等于其购入的金融产品的价格。

在金融产品的价格上，应当区分票面价格和市场价格。票面价格是合同中规定的名义价格。债券的票面价格通常相当于本金，与票面利息率一起构成每期利息额的依据。股票的票面价格在企业的资产负债表中用于计算企业的注册资本额；市场价格是金融产品在市场上的成交价格，相当于认购者实付，发行者实收的价格。市场价格还有一级市场价格和二级市场价格的区分。一级市场的价格和票面价格有一定的联系。如债券的票面价格与市场价格之间的关系取决于票面利率与市场利率的差别、债券的偿还方式、债券的偿还期限长短等因素。但在二级市场上，市场价格的变动不再受票面价格的限制。

收益是金融产品的另一个核心要素，主要用收益率表示，是指该产品给其持有者带来的收入占其投资的比率。金融产品的收益包括两种：一是证券利息收入，简称收入或经常性收入；二是资本增益或损益。利息收入是指在金融产品持有期内获得的利息收入，如债券按期支付债息的收入或股票按期支付股息的收入等。资本增益或损益则是指由于所持证券价格的升降变动而带来的本金的升值或减值。

3.2.3.5 风险

一般都把风险看成是一种危险，或看成一种带来损失或失败的可能性。可以认为金融产品的投资风险是由于对未来的不确定性而产生的预期收益损失的可能。在市场上存在着四种风险与收益组合而成的投资机会：①高风险与低收益；②低风险与高收益；③高风险与高收益；④低风险与低收益。

对于投资者来说，要获取高的收益，就必须承受高的风险，高收益必然伴随有高风险。但反过来，若投资者承担了高风险，却不一定能确保高收益，因为高风险的含意本身就是不确定。高风险的结果可能是高收益，也可能是低收益，甚至可能是高损失。收益显然是以风险作为代价的。

3.2.3.6 流通性

流通性是一种资产转换为货币的能力，某种资产一经需要可随即转换为货币，交易费用很低，且不承担本金的损失，该资产就具有较高的流通性，反之，资产的流通性就较低。

绝大多数的金融产品都可以在次级市场上自由流通，如私人持有的普通股票、债券等。但也有一部分金融产品不可以流通，或者在流通时要满足特定的条件，如平常的定期存折不能流通，用作抵押担保的金融产品以及所有在发行时规定不可流通的产品。还有一些金融产品只在某些特定的情况下才能流通。

流通性是金融产品的一大质量指标，那些不可流通的金融产品在市场上只能以较低的价格发行。同理，即使是可以流通的金融产品，如果其流通条件很差（如日成交量特别小），也只能以较低的价格流通。

3.2.3.7 权利

金融产品作为一种财产权凭证，可以赋予持有人与该产品类别相对应的权利，比如债券持有人作为债权人，拥有到期时获得本金和利息的权利以及公司破产时剩余财产的优先索偿权。股票持有人作为公司的股东，有权参加股东大会，有权选举公司董事以及有权参与公司重大事项的决策等。

3.2.4 金融产品质量的判断标准

判断一个金融产品的质量优劣可以从质量指标和适宜指标两方面来考虑。质量指标用于衡量一个金融产品本身的内在属性的优劣，适宜指标用于衡量一个金融产品对于特定的投资者的适宜程度。

3.2.4.1 金融产品的质量指标

（1）收益率

投资者的目的在于取得收益，收益率在金融产品质量指标中的重要地位是不言而喻的。在其他条件相同的情况下，金融产品的收益率越高，其质量越好，越受投资者的欢迎。但是，需要强调“在其他条件相同的情况下”这一前提条件，这是因为在现实中，收益率高的金融产品，在其他方面的条件都往往比较差。因此，投资者不能贪图高收益而忽略金融产品的其他条件。

（2）风险

与金融产品的高收益相联系的往往是高风险。但是，这并不是说一个高风险的金融产品肯定可以给其持有者带来高收益。高风险意味着损失的可能性大，或者潜在的损失额大，或者两者兼而有之。在其他条件相同的情况下，金融产品的风险越小，质量越好；风险越大，质量越差。因此，如果有两个金融产品的收益率相等，风险低的应当是优先考虑的投资对象。

（3）流通性

金融产品的流通性的大小可用为交易本身所支付费用的大小来衡量。所付费用越大，其流通性越小；所付费用越小，其流通性越大。在产品和劳务市场中，货币具有完全的流通性，当用货币购买其他商品时，不必在商品价格之外另付费用。另外，用货币交换其他商品所费时间最短，而且可交换的商品种类最多。这样，我们可从商品同货币逆交换的难易程度上来判定商品的流通性。

对金融产品的交易来说，流通性是影响决策的重要因素。这是因为，人们在购买某种金融产品时，是期望在未来进行逆交换（向该金融产品的出售者要求兑付，或出售该金融产品）时可以得到更多的货币收益。而如果逆交换的对方到时不能履行，而且购买者也难以向其他投资者“转售”该产品，则该金融产品便丧失了流通性。

对一般金融产品，流通性是买入或卖出该产品的便利程度和对市场买卖条件的冲击程度。如果一个金融产品的每日成交量很大，任何投资者想买都能买到，想卖都能卖出，并且，这一金融产品的市场价格不因他的买卖活动而发生大的波动，那么这一金融产品的流通性就好。如果一个金融产品的每天成交量很小，投资者想买而找不到卖主，想卖而找不到买主，并且，买的时候会大幅度地推动价格上涨，卖的时候导致价格大幅度下跌，那么，这样的金融产品的流通性便不好。

（4）透明性

金融产品的透明性主要应表现为公开和公平。公平性是指同样的金融产品享有同样的权利，大小股东也要平等。在有些情况下，大股东有可能利用其对企业的控制剥夺小股东权利。而公开性是指金融产品发行企业的信息公开性。如果一个企业向社会提供的信息不完全，那么它的金融产品的质量是会受到影响的。

3.2.4.2　金融产品的适宜指标

一个金融产品的本质特征在于其风险——收益关系，在金融产品的适宜性选择上，经常作为投资者考虑的因素也是其风险——收益关系。因此，金融产品的适宜性除了产品本身的特性，还要考虑投资者特性。

选择金融产品时的特性主要有投资者的风险偏好。有一些投资者倾向于本金的保值和收益的稳定，他们强调规避风险，因而通常投资于国债、高等级公司债等。一些投资者在重视本金保值的同时追求较高的收益。他们有着承受一定程度风险的准备和能力，但不愿意冒高风险，因而通常投资于股票、中等级公司债等。还有一些投资者特别强调在运作中获得高额收益，他们勇于冒险，甚至损失本金也在所不惜。因此，通常投资于期货、期权、低等级证券。

金融产品的适宜性当然也包括其具体构成要素的适宜。如果一个投资者无法在技术上运用某一金融产品，那么，即使这一产品对别人很适宜，但是对他而言却是没用的。

3.3 智能资产配置——用户和产品的匹配

3.3.1 研究背景

2008年以来，智能金融这一概念在世界范围内迅速发展。2016年AlphaGo的出现，人工智能再一次引起全世界的关注与重视，人工智能的发展进入了新的时代。金融行业作为人工智能技术的高度应用行业，关于智能金融的研究也引起了业内的广泛关注。

在国际市场上，智能投顾的资产规模迅速发展。截至2014年底，美国已经具有140亿美元的资产管理规模，到2017年末有望达到千亿美元。有关智能投顾的创业如雨后春笋一般，纷纷出现在市场之中，最知名的公司Betterment和Wealthfront在2010年至2011年左右开始面向个人理财用户推出基于互联网技术与算法的资产管理组合建议，包括基金配置、股票配置、股票期权操作、债权配置、房地产资产配置等，开启了智能投顾时代。传统金融机构如Vanguard和Charles Schwab也开始进入智能资产配置的布局中。

中国的投资者，对智能投顾业务表现出较高的接受度，尤其是在高净值用户群中具有相当多的拥护者。2014年底智能投顾概念开始引入我国。2015年，独立创新公司、互联网公司和传统金融机构纷纷效仿国外的先进经验模式，开始大规模向智能投顾领域进军。2016年，随着AlphaGo的出现和热议，国内掀起了智能投顾研究的热潮。目前，我国智能投顾还处于起步阶段，已经陆续有一些公司推出或者正在研究智能投顾产品，目前已达几十家。我国发展智能投顾，更大程度上是利用新的IT技术手段，补齐资产管理领域投顾环节的缺失。在资产管理时代，充分利用互联网技术的智能投顾，正在成为Fintech领域的下一个风口。随着技术的不断成熟和市场认知的加深，以算法和互联网技术为主的智能投顾，将在我国具有非常好的发展前景。

从2016年年底到2017年年中，国内已经发展出多家智能投顾平台，并且未来还会有更多市场主体出现，各平台在金融产品种类、金融产品配比、大数据运用、业务模式上均有所创新和发展。先是招商银行在深圳举办招行App 5.0暨摩羯智投新闻发布会，宣布招商银行两款重磅新产品App 5.0、摩羯智投正式上线。随后，民生证券和品钛集团旗下的璇玑宣布正在合作开发数字化资产配置系统。渣打银行财富管理部董事总经理梁大伟表示，智能投顾是未来金融发展的大方向。

虽然智能投顾市场前景广阔，未来将会有更多的参与者进入智能投顾市场，但要有质的突破，达到真正的“智能”水平，还需要很长的路要走。从宏观环境来说，大众不再满足于传统的银行理财、信托等理财产品，而是更加关注获得个性化的财富管理。尤其伴随着房地产市场转型，人民币贬值压力增大，都会驱使大众的风险收益偏好发生变化。加上通胀影响，债券、固定收益市场的波动，以及利率下行，大众希望获得更高收益，也希望配置更多元化的资产，包括权益、大宗商品，甚至包括外汇等。智能投顾是在资金和资产端做智能匹配。这就要求，资金端要做好用户画像，资产端要做好对资产的风险和收益预估及管理。两端都做好是非常难的，特别是用户画像，没有用户数据积累和建模分析，仅采用几个风险问题或客户选择风险偏好是远远不够的。

近年来，金融科技的发展已经为智能化理财做了很好的铺垫，不仅仅是金融科技公司涉足智能投顾、智能化资产配置等财富管理领域，传统的银行、券商也在拓展数字化资产配置生态，智能化已经是大势所趋。

3.3.2 智能资产配置（智能投顾）的基本内涵

3.3.2.1 概念

智能资产配置，是指借助移动互联网和云计算技术，向所有用户提供智能投资管理服务。通俗地说，智能资产配置是利用大数据、云计算、人工智能相关技术识别用户的风险偏好水平，并以此提供最优的理财投资方案，所以也称智能投资顾问，简称智能投顾。该投资管理服务的主要内容包括三个方面：

第一，智能资产筛选，即使用成熟的金融产品筛选模型，为用户选择最合适的金融产品。

第二，智能定制组合，即结合成熟的金融理论和先进的人工智能技术匹配用户的需求，为用户定制投资组合。

第三，智能跟踪调仓，即结合金融模型与大数据技术为用户监控市场，时刻保持最优资产配置。智能资产配置是连接用户端和金融产品端的重要桥梁，从用户端来说，智能资产配置可以根据一系列用户数据利用相关人工智能技术了解用户的风险偏好；从金融产品端来说，智能资产配置可以根据不同用户的风险偏好定制最优资产组合。

总体来说，智能资产配置有以下几点识别标准：通过大数据获得用户个性化的风险偏好及其变化规律；利用互联网对用户个性化的资产配置方案进行实时跟踪调整；不追求不顾风险的高收益，在用户可以承受的风险范围内实现收益最大化。

3.3.2.2 理论基础

智能资产配置的理论基础是马科维茨（Harry Markowitz）的投资组合理论。

1952年，马科维茨提出投资组合理论，开创了金融经济学界现代组合投资理论的新局面，也因此获得1990年的诺贝尔经济学奖。该理论包含两个重要内容：均值——方差分析方法和投资组合有效前沿模型。根据马科维茨模型，构建投资组合的合理目标是在给定的风险水平下，具有最高收益率的投资组合，即投资组合有效前沿。投资者根据自身的收益目标和风险偏好，在有效组合前沿上选择最优的投资组合方案。此外，马科维茨还为构建有效投资组合提供了最优化算法。

在此基础之上，1992年，Fisher Black 和 Robert Litterman 提出了 Black-

Litterman 模型。Black-Litterman 模型利用概率统计方法，将投资者对大类资产的观点与市场均衡回报相结合，产生新的预期回报。该模型可以在市场基准的基础上，由投资者对某些大类资产提出倾向性意见，然后，模型会根据投资者的倾向性意见，输出对该大类资产的配置建议。新的资产配置具有符合直觉的组合及可以理解的权重配置。Black-Litterman 模型自提出以来，已逐渐被华尔街主流所接受，现已成为高盛公司资产管理部门在资产配置上的主要工具。

以马科维茨模型为基础，高盛 Black-Litterman 模型、VaR 配置模型以及美林投资时钟等方法相继提出，使现代组合投资理论体系臻于完善，并在各类资产管理机构得到广泛应用。

3.3.3 智能资产配置的运作过程

需要说明的是，在私人银行和财富管理界，资产配置是有严格要求的，必须以“大类资产配置”为基础，而不能以个股为基础。所谓大类资产，是指股票、债券、地产、黄金等“大类别”的资产，这些资产之间具有分散性，是资产配置的基础。

智能资产配置的总过程可以分为五个部分，分别是资产筛选、用户画像、财富体检、组合优化、智能调仓。

3.3.3.1 资产筛选

资产筛选部分包含大类资产选取和具体投资标的筛选两大内容。实验室使用七因子模型进行大类资产选取，根据模型结果精选出现金、股票、债券、银保理财、高收益债、私募股权、大宗商品、房地产八大类资产，通过对各类资产长期以来在各类经济环境中的表现进行研究，用资产定价模型衡量其风险收益情况，结合市场实际状况对资产的未来走势进行预测，并在此基础上为用户提供智能化资产配置建议。对大类资产的选取标准包括：完备性，即覆盖所有主要风险，体现充分的风险分散能力；正交性，即足够差异，最小数量实现完备性，提高配置效率。

针对每类资产，使用成熟的金融产品评价模型，并结合市场发展的实际状况，筛选具体投资标的。一般参考流动性、跟踪精度、费率等因素进行投资标的筛选，综合考虑其代表性、投资便利度、收益情况和投资成本的长期表现进行选择。对于价值股、成长股、自然资源和中长期债券，选择与相应市场指数相比追踪误差最小、收益最高的ETF基金作为投资标的；对于其他资产类别，尽量选择有代表性的、成本较低、相同风险暴露下收益较高的产品作为标的，以保证资产配置策略的有效性。

3.3.3.2 用户画像

不同年龄、收入水平和主观风险偏好的投资者具有不同的风险承受能力，因此将适用不同的资产配置组合。通过用户画像分析，可以了解用户的人力资本、家庭现金流、流动性需求、投资规模、行为模式等方面的信息，并据此评估投资者的投资需求和风险承受能力。

在资产配置中，风险厌恶系数是用户画像中最重要的因素，它会影响某项投资给投资者带来的效用。对于不同的投资者，他们的风险厌恶系数各不相同。投资者的风险厌恶程度越高，风险对投资者效用的负面影响就越大，该投资者就越倾向于投资低风险资产；投资者的风险厌恶程度越低，风险对投资者效用的负面影响就越小，该投资者就越倾向于投资高风险资产。

目前，用户画像分析主要采用问卷调查的形式。风险厌恶系数受多种因素影响。例如：投资者的财务状况、投资时间期限、投资者的心理特征，等。因此，智能资产配置的问卷调查中需要考察用户的这些因素来推断投资者的风险规避系数。为了从多个不同角度评估用户的投资需求和风险承受能力，还需使用AHP等方法设置问卷问题权重。此外，为了便于客户理解，在用户页面显示时，还需根据相关原理和公式将风险厌恶系数转换为风险承受能力系数。

3.3.3.3 财富体检

财富体检过程是指针对用户现有投资情况，利用投资者效用函数，从风险承受能力、资产分散程度、流动性等不同角度进行分析，帮助用户及时发现因财富配置不合理而产生的问题，并根据模型结果“对症下药”，规避潜在风险，捕捉投资机会。

2017年，广发银行私人银行投资顾问团队研发而成的家庭财富健康体检系统开始面向投资者，该系统通过生命周期识别体系和资产配置健康评价体系对每个家庭进行综合评判：一方面从人生阶段、收入状况、资产状况、增值预期、风险能力和投资经验等六个维度对家庭主要成员所处的生命周期进行状态识别；另一方面对他们在四大类金融资产（理财产品与存款类、债券及信托类、股票类、保险类）的配置情况进行分析研究，然后通过科学的财富健康诊断模型计算出每个家庭的财富健康状况评分，提供客观、中立的财富诊断，并生成一份完整的财富健康诊断报告。该报告对这位客户的家庭财富健康状况进行了评分，并针对客户的自身情况进行了详细诊断。报告首先分析了客户所处的家庭生命周期，提示出客户目前在家庭资产配置中不合理或存在高风险预警的部分，并提供了具操作性的投资建议，为下一步调整各类金融资产配置提供参考。

3.3.3.4 组合优化

组合优化的核心是 Black-Litterman 模型，该模型可以有机地结合用户风险承受能力、历史数据和专家观点，计算最优投资组合。根据用户画像和财富体检结构，组合优化将计算得到最适合用户的投资组合方案，并将资金自动分配到相关的理财产品中，投资者可据此进行分散化投资。

简单来说，B-L 模型通过贝叶斯理论将市场均衡收益率和投资者的观点收益率相结合，得到模型的后验收益率，简称 B-L 收益率。后将 B-L 收益率向量放入均值方差模型当中，加入必要的限制条件，就可以求解出最优配置权重。

由于B-L模型是对于市场投资组合理论的一个延伸，而市场投资组合理论本身强调追求市场产生的收益，而不是追求主动操作产生的超额收益。因此还需建立专家观点对B-L模型给出的组合配比。一般采用著名金融学家威廉夏普提出的AAAP理论对B-L模型给出的组合配比进行动态调整。该模型随着各类资产在市场中权重的变化对投资者每类资产应持有的比例进行极细微的调整，非常适合被动投资模型的应用。

3.3.3.5 智能调仓

智能调仓则是指通过持续的数据更新，实时跟踪投资者现有组合与最优组合之间的偏差。当偏差超过一定阈值，模型将提醒投资者进行调整，从而实现资产配置的再平衡。

当市场情况发生变化时，用户的投资组合可能会偏离最优组合；某些情况下，甚至最优组合本身也可能发生改变。智能调仓模块通过持续的数据更新，实时跟踪投资者现有组合与最优组合之间的偏差。当偏差超过一定阈值，模型将提醒投资者进行调整，从而实现资产配置的再平衡。

再平衡策略是指根据市值比重一定而在某些时点进行再平衡的策略。常见的再平衡策略可以分为三类：

一是定期调仓。这种策略只在固定的时间节点上进行调仓，如月度调仓、季度调仓和年度调仓等，对应的两次调仓的间隔期分别为一个月、一个季度和一年。

二是偏离目标投资组合超过一定阈值而进行调仓。在阈值设定时，需要考虑交易成本、风险承受能力、资产类别间的相关性、资产波动性等因素的影响。

三是前两种策略的结合。该策略只在固定时间点上如月末、年末等检查资产组合的配比，并只在配比偏离目标投资组合超过一定阈值的时候，才启动再平衡调仓。

尽管再平衡是一个良好的控制风险的工具，但研究表明并不是所有的投资者都能坚持使用再平衡策略。在快速上涨的股票牛市中，赚钱效应凸显，大部分的投资者都在贪婪地追涨，不断地加仓，再平衡策略却要求投资者冷静地卖出前期涨幅很大的股票；在充满恐慌的熊市中，大部分投资者争先恐后地卖出“割肉”，再平衡策略却要求投资者逆势而动坚定地买入前期大跌的股票。在动荡的市场中，再平衡策略需要投资者能够超越恐惧与贪婪，充满勇气，理性地执行既定策略。智能调仓会选择适当的时机提醒投资者对资产组合进行再平衡，助投资者一臂之力。

3.4 智能资产配置实例——凤凰金融的智能投顾

3.4.1 概述

3.4.1.1 概念

凤凰真准是凤凰金融推出的智能投资管理服务，具体包括如下内容：

(1) 智能资产筛选。使用成熟的金融产品筛选模型，让最优秀的产品为用户服务。

(2) 智能定制组合。使用诺贝尔奖模型了解用户的需求、为用户定制投资组合。

(3) 智能跟踪调仓。金融模型与大数据技术替用户监控市场，时刻保持最优资产配置。

凤凰真准借助移动互联网和云计算技术，向所有用户免费提供智能投资管理服务。只要在凤凰金融网站注册，即可轻松分享顶级金融学家和投资专家的智慧与经验。

3.4.1.2 理论基础

凤凰真准的核心模型是 Black-Litterman 模型（以下简称 B-L 模型），该模型是诺贝尔奖模型和华尔街顶级投行数十年的资产管理经验相结合的产物，目前在机构投资者中得到广泛使用。

美国经济学家马科维茨（Harry Markowitz）于 1952 年提出的投资组合理论（以下简称“马科维茨模型”），是金融经济学的一场革命，标志着现代组合投资理论的开端。马科维茨因此获得 1990 年诺贝尔经济学奖。该理论包含两个重要内容：均值—方差分析方法和投资组合有效前沿模型。根据马科维茨模型，构建投资组合的合理目标是在给定的风险水平下，具有最高收益率的投资组合，即投资组合有效前沿。投资者根据自身的收益目标和风险偏好，在有效组合前沿上选择最优的投资组合方案。此外，马科维茨还为构建有效投资组合提供了最优化算法。

以马科维茨模型为基础，高盛 Black-Litterman 模型、VaR 配置模型以及美林投资时钟等方法相继提出，使现代组合投资理论体系臻于完善，并在各类资产管理机构中得到广泛应用。

Black-Litterman 模型由高盛公司的 Fisher Black 和 Robert Litterman 于 1992 年提出，是马科维茨模型的升级版本。该模型不仅吸收了马科维茨模型的精髓，更重要的是，它结合了高盛公司投行数十年的资产管理经验，有效地解决马科维茨模型在实际应用中的种种问题。Black-Litterman 模型以马科维茨模型为起点，使用贝叶斯方法导入投资者对资产的主观预期，将基于市场历史数据的收益率先验估计和投资者的看法有机地结合在一起，形成收益率的后验估计，使得最优投资组合的计算结果更加稳定和准确。

3.4.1.3 整体框架

凤凰真准基于现代投资组合理论体系开发，为投资者提供智能化、专业化和个性化的资产配置建议。帮助投资者构建符合自身风险承受能力的投资组合，享受风险可接受前提下的资产保值增值。

凤凰真准包含五个主要模块：资产筛选模块、用户画像模块、组合优化模块、财富体检模块、智能调仓模块（见图3-2）。

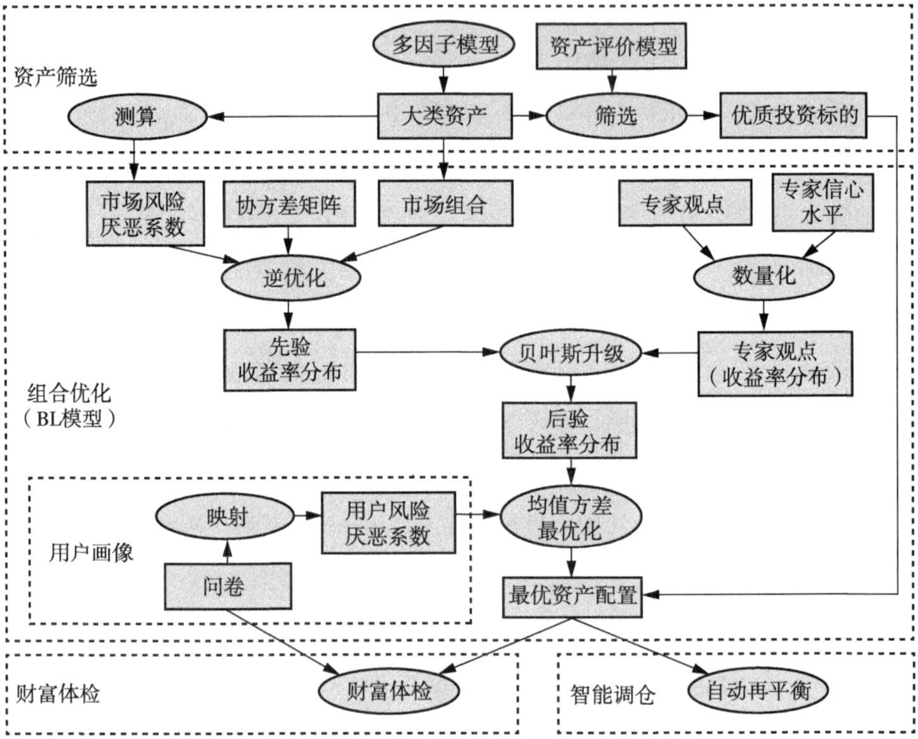

图3-2 凤凰真准系统架构

3.4.2 凤凰真准的运作过程

3.4.2.1 凤凰真准选取的大类资产

凤凰真准推荐的投资组合包括八大类资产，具体包括如下内容：

（1）现金类资产。包括：现金、存款、货币基金、可随存随取的“宝”类理财产品等。

（2）股票。包括：股票、股票型基金等。

（3）债券。包括：国债、债券基金等。

（4）银保理财。包括：由银行或保险公司提供保障的理财产品，利率通常低于6.5%。

（5）高收益理财。包括：由企业、担保公司或其他非银行金融机构提供保障的理财产品，利率通常高于6.5%。

（6）私募股权。包括：收并购、买断经营、增资（含定向增发业务）、风险投资等私募活动所对应的股权投资。

（7）房地产。包括：投资性房地产、房地产基金等。

（8）大宗商品。包括：黄金、能源等大宗商品的现货、期货、商品基金等。

3.4.2.2 凤凰真准选取的具体投资标的

（1）现金类资产。选取：天弘余额宝货币基金。

（2）股票。选取：代表蓝筹股票的易方达沪深300指数基金、代表成长股票的南方中证500指数基金。

（3）债券。选取：综合代表债券投资的易方达稳健收益债券基金。

（4）银保理财。在Beta版中，银保理财为年化收益率4.5%的时间序列，在正式版中，银保理财拟采用凤保宝产品。

（5）高收益理财。在Beta版中，高收益理财为年化收益率7.5%的时间序列，在正式版中，高收益理财拟采用凤溢盈产品。

（6）私募股权。暂无投资标的。

（7）房地产。暂无投资标的。

（8）大宗商品。选取：代表自然资源的信诚全球商品指数基金。

3.4.2.3 凤凰真准的回测方法

选择不同的时间段来涵盖不同的经济周期进行回测：比对了3个时间段：2013年9月份至今（完整周期），2015年6月股灾至今（下行期），和2013年9月至2015年6月股灾前（上行期）。

在上述三个期间内，选择不同的基准，通过计算夏普比率：

$$Sharperatio=\frac{r_p-r_f}{\sigma_p}$$

与凤凰真准推荐的组合进行比较：保守型配置比对与纯债，激进型配置比对与纯股，中等风险配置比对与股债各 50%，其结果如图 3-3 所示：

时间段1	2013-09-02	2015-12-17	两年期
时间段2	2015-06-01	2015-12-17	股灾
时间段3	2013-09-02	2015-06-01	股灾前

		return	risk	sharpe	risk=10
时间段1	保守型推荐组合	10.52	6.86	1.24	
	纯债	6.25	3.91	1.09	1.55
	激进型推荐组合	15.82	22.37	0.62	
	纯股	16.51	28.31	0.51	1.05
	中立型推荐组合	11.66	8.53	1.13	
	股债50%	13.42	14.68	0.78	3.55
		return	risk	sharpe	
时间段2	保守型推荐组合	-3.15	6.92	-0.74	
	纯债	9.81	2.21	3.52	-42.68
	激进型推荐组合	-30.46	27.52	-1.18	
	纯股	-41.26	35.72	-1.21	0.32
	中立型推荐组合	-5.17	9.13	-0.79	
	股债50%	-12.69	16.05	-0.92	1.30
时间段3		return	risk	sharpe	
	保守型推荐组合	16.31	6.23	2.30	
	纯债	5.41	4.34	0.79	15.10
	激进型推荐组合	41.49	17.83	2.21	
	纯股	50.53	22.76	2.13	0.83
	中立型推荐组合	19.31	7.60	2.28	
	股债50%	28.60	12.65	2.10	1.76

阈值10%

时间段1	2013-09-02	2015-12-17	两年期

		return	risk	sharpe	
时间段1	6大类保守	9.74	6.81	1.14	
	纯债	6.25	3.91	1.09	0.51
	6大类激进	15.35	22.21	0.60	
	纯股	16.51	28.31	0.51	0.89
	6大类中等	10.90	8.32	1.07	
	股债50%	12.86	14.31	0.76	3.10

图 3-3 真准推荐组合的绩效

可以看到，在大部分情景下（除去保守型组合与纯债，在股灾至今的时间段），我们推荐的组合的夏普比率优于未经过量化计算的其他组合，达到了 2.5%的平均超额收益。

此外，我们在 2015 年全年内，与不同的基准进行了回测（见图 3-4~图 3-6）：

图 3-4 真准保守型投资组合与余额宝的收益对比

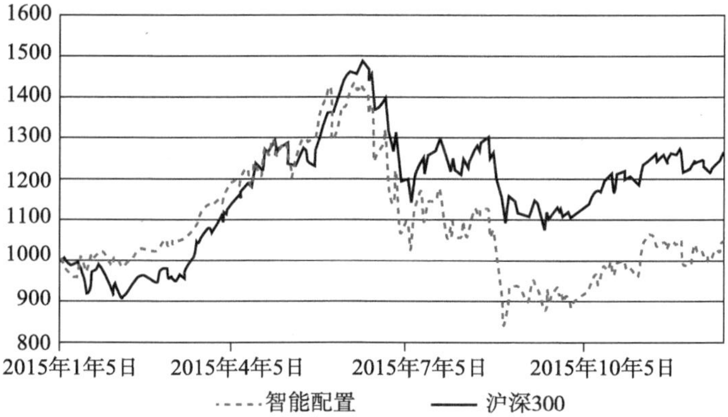

图 3-5 真准激进型投资组合与余额宝的收益对比

图 3-6 真准保守型投资组合与定期存款的收益对比

4 案例分析

如果我看得比别人更远些，那是因为我站在巨人的肩膀。

——牛顿

4.1 案例一：以色列 Bondit 公司

4.1.1 案例介绍

近期，国际范围内“黑天鹅”事件频发，市场避险情绪升温，其中收益相对稳定的债券投资避风港效应凸显。但当前债券投资非常复杂，投资顾问基于 Excel 模型按预定参数给客户推送产品耗时长，且难以个性化。而智能投顾能将客户放在中心位置，基于风险率、流动性与收益率，精准匹配其个人需求，使债券投资组合最优化，做到个性化与定制化，还能将风险最小化，是未来智能金融发展的重点研究对象之一。

以色列一家名为 Bondit 的公司用了三年半时间，开发了一款专注债券投资的智能投顾 SaaS 软件。他们基于领先的机器学习算法所构建的模型，让数据可视化，能提供债券投资组合设计、调整、优化、监控及分析的一站式服务，使固定收益投资的从业人员能轻松设计并销售债券。Bondit 公司目前已与多家一线金融机构签约及测试产品，以 SaaS 或私有部署模式销售给银行、证券和资产管理公司，收取年费。Bondit 公司的核心团队来自高盛、巴克莱等知名金融机构和高通、微软、NICE 等高科技公司。目前全球债券市场规模超过 100 万亿美元，从业的投资顾问人数超过 100 万人，但市场上产品众多信息更新快，组合的设计基本依赖人工，且难以对市场动态进行自动化再平衡，Bondit 公司将大幅优化债券投资组合的设计与配置，市场容量预计每年超过 40 亿美元。

Bondit 公司创始人 Etai Ravid 表示，近年来，全球智能投顾公司如雨后春笋般涌现。但其实智能投顾的金融投资逻辑和模型都未改变。Bondit 公司同样运用了马尔可夫模型（Markov Model）和诺奖得主马科维茨（Harry Markowitz）的投资组合理论。Etai 认为，经过三年多沉淀，Bondit 公司积累的先发优势主要体现在数据和技术层面，比如 Bondit 公司前期储备了丰富的金融大数据，又拥有来自以色列军方的人工智能算法团队，他们在机器学习和数据科学层面非常专业，也有来自高盛、巴克莱的金融专家。目前团队分布在以色列、欧洲、美国、新加坡及中国香港等地。

同时，Bondit 公司目前只专注 B2B 解决方案，且将目标锁定在固定收益领域，并未将交易所交易基金（ETFs）当作重中之重。这与美国发展得如火如荼的智能投顾公司 Wealthfront，Betterment 等形成了鲜明的对比。后者不仅是 B2C 模式，且提供债券、ETFs 等产品。ETFs 这类被动型投资不需要人工管理，其运营成本低，此时智能投顾低费率、低门槛的特点凸显。但对 Bondit 公司而言，ETFs 不能为银行创造高收益，也面临税收等问题；而若将固定收益市场自动化，银行则能获利更多。不少私人银行约七成是固定收益类资产，因为它能为投资者提供稳定的现金流。

Bondit 公司于 2012 年聚焦固定收益市场，一年后，他们觉得做本土产品价值不大，以色列市场小，需要全球化，当时也正赶上全球智能投顾领域的变革，他们就引入更多机器学习的人才开发 SaaS 软件。2016 年，Bondit 公司开始商业化，以 SaaS 模式销售给私人银行、资产管理公司等。

目前正在全球多家金融机构测试和上线产品，主要采用包月服务模式。2017年初，Bondit公司拿到了耀途资本300万美元的融资，之后又与国内知名金融数据提供商万得（Wind）达成战略合作，共同开拓海内外庞大的固定收益市场，未来还有望满足国内中产阶级投资海外的需求。

Bondit公司创始人Etai Ravid认为，智能投顾无疑是未来的发展趋势，就好比是之前的客户关系管理系统（CRMs），能为客户按需定制，所以理财顾问人数未来会缩减。比如Bondit公司的SaaS软件催生了一种混合模式，即工具加关系。以往客户经理需要每天打电话给客户提供建议，现在客户直接接收邮件即可，采用推送通知的智能投顾模式，客户经理可能变得不那么重要。

“但从另一角度来看，Bondit公司高效的自动化提升了客户经理的服务效率，为他们增加销售，有助于实现规模化，还能解决履约问题。”Etai分享道，“所以对我们而言，关键是如何定位自己，创造价值。但无论如何这是一场战争，你不知道来自传统金融机构的阻力有多大。”

纵观智能投顾的发展历程，从20世纪90年代末开始，经历了三个阶段：

在线投顾（20世纪90年代末—2008年），该阶段在线投资分析工具的技术水平得以提高，规模开始扩大，部分公司开始提供“在线投顾”服务。2005年允许证券自营商将投资分析工具直接给投资者使用后，在线资产管理服务规模进一步迅速扩大。

机器人投顾（2008—2015年），以Wealthfront，Betterment，Future Advisor为代表的“机器人投顾”公司开始发展，为客户直接提供各类基于机器学习的机器人投顾工具。部分传统券商自己开发或通过并购涉足该领域，如嘉信理财推出嘉信理财智能投资组合服务，Blackrock收购Future Advisor等。

人工智能投顾（2015年至今），依赖以大数据为基础的深度学习运用能力以及云计算带来的计算能力大幅提升，人工智能再次取得突破性进展。目前，越来越多的公司，开始尝试开发能够完全脱离人类参与投资管理链的人工智能投资系统，如国外的桥水基金，Wealthfront，Bondit 公司等。

4.1.2 案例分析

4.1.2.1 智能投顾的发展动因

（1）人工智能技术进步，推动智能投顾迅速发展

近年来，云计算大幅提升计算能力，基于深度学习的人工智能技术再次取得突破性进展，已开始进入实用化的阶段。同时全球对人工智能领域的投资总额不断增长，2015 年已经达到 23.9 亿美元，且交易笔数持续增长，推动人工智能产业的蓬勃发展和在各行业的应用。回顾智能投顾的发展历史，不难发现其核心在于人力投入逐步减少、机器智能逐步提升。人工智能应用于数据应用量庞大的投顾领域是未来产业发展趋势，人工智能将成为智能投顾的核心技术。

（2）证券行业变革为智能投顾带来发展机遇

近年来，互联网证券蓬勃发展，成为银行、证券、保险三大传统金融子行业中与互联网融合发展最为成功的领域，互联网开户、交易、资产管理等业务不断取得突破。互联网证券为券商带来海量小微客户的同时，亦深刻影响着行业原有商业模式。激烈竞争导致券商经纪业务佣金率近年来持续下行，2016 年一季度行业整体佣金率已下滑至 0.042%，创历史新低。佣金率持续下滑对业绩产生深远影响，寻找新盈利增长点迫在眉睫。以智能投顾为代表的增值服务有效提升客户体验，满足个性化需求，同时充分发挥券商投研、产品设计等专业优势，有助于实现经纪业务转型升级，开拓新市场空间。

（3）社会资产配置结构变化推动智能投顾发展

随着房地产投资主导经济发展的时代过去，我国居民资产配置逐步由非金融资产（以房地产为主）向金融资产转移。根据招商银行和贝恩共同发布的《2015 中国私人财富报告》中对我国高净值人群未来投资趋势的采

访，超过50%的受访者预计，综观国内金融市场行情，未来1~2年内会考虑增加金融投资；另有43%的受访者表示会保持现有金融投资规模，同时，分别有24%、15%的受访者表示会减持实业投资、房地产投资，与金融投资的增长趋势形成鲜明对比。未来中国居民的资产配置估计将往多元化、合理化方向发展，从原来的不动产、固定收益类投资项目逐步向私募基金、期货、期权以及各种金融衍生工具拓展。随着固定资产向金融资产转移，居民的金融理财、资产配置及投资咨询等需求将显著增长，未来智能投顾有望充分受益，更好地满足居民资产配置需求。

4.1.2.2 智能投顾的发展前景

（1）智能投顾相对传统模式优势明显

智能投顾凭借其门槛低、费用低、信息透明度高三大显著优势，开启了资产管理新时代。在传统投顾模式下，公司根据客户的具体投资需求，提供包括资产管理、保险、信托、税务咨询和规划、房地产咨询等在内的服务，主要服务对象是高净值客户，且以一对一模式为主，因此传统投顾模式存在客户覆盖极窄、投资门槛极高、收取费用高等特点，且投资品种信息不透明。在此背景下，具备门槛低、费用低、信息透明度高三大显著优势的智能投顾应运而生。门槛低主要体现在传统金融机构私人理财部的最低投资限额动辄百万，甚至上千万，导致服务对象极其有限，而智能投顾的最低起投资金仅几百或几千元，彻底释放投资理财的长尾市场。另一方面由于人力成本高，传统投资顾问的管理费普遍高于1%，且边际成本下降不明显，而目前智能投顾管理费普遍在0.25%~0.5%，因为基于计算机算法辅助，边际成本随着客户的增多而下降，边际效应明显。传统投资顾问服务的信息披露晦涩，存在金融产品供应商与客户利益相冲突的问题，而智能投顾对投资理念、金融产品选择范围、收取费用等披露充分，且客户随时随地可查看投资信息。

（2）经济发展带来巨大理财需求

经济发展带来巨大理财需求，但投资渠道匮乏。贝恩公司《2015年中国私人财富报告》数据显示，2014 年中国个人持有的可投资资产总体规模达 112 万亿元，2012—2014 年年均复合增长率达到 16%，远高于同期的 GDP 增速。然而，目前我国投资渠道依旧匮乏，大部分投资资产集中于银行、基金以及信托等机构发布的理财产品。以银行理财产品为例，Wind 数据显示，2015 年各类银行共发行理财产品 7.88 万只，募集金额达 47.3 万亿元，同比增长 9%；另一方面，从理财存续产品看，截至 2015 年存续产品 60879 只，账面余额超过 23.5 万亿元，同比增加 8.48 亿元，增幅 56.46%。

（3）智能投顾资产管理规模巨大

智能投顾有望打开资产管理数十万亿美元市场空间。以拥有全球智能投顾最大市场的美国为例，据 Corporate Insight 的统计，截至 2015 年年中，美国智能投顾公司管理的资产规模已超过 210 亿美元。另外，咨询公司 A. T. Kearney 预测，美国智能投顾行业的资产管理规模将从 2016 年的 3000 亿美元增长至 2020 年的 2.2 万亿美元，年均复合增长率将达到 68%。全球来看，波士顿咨询公司 2015 年全球财富报告显示，全球个人可投资规模达 164 万亿美元，预计未来 5 年将实现 6%的年均复合增长率，到 2019 年底，总规模将达 222 万亿美元。假设未来智能投顾市场占可投资规模的 10%，预计未来智能投顾的市场空间达近 22 万亿美元。选取 0.3%作为智能投顾公司收取的平均年管理费（平台一般收取 0.25%~0.5%），则仅管理费规模约 660 亿美元。若再加上数据分析，量化策略等增值服务，预计智能投顾未来市场规模巨大。

4.1.3 案例启示

4.1.3.1 以色列智能金融模式分析

（1）通过一系列政策设计，营造良好的科技金融生态环境

1985 年，以色列实施了“经济稳定工程”，其中的金融改革确立了银行相对独立的地位，调整了汇率和利率，取消了限制私人企业融资的政策，外汇市场逐步引入了浮动汇率制。这促进了国内外金融业的交流，使

以色列很快成为中东的金融中心。支持中小科技企业发展的资金主要来源于政府、风险投资和投资公司。政府设立了2.2亿美元的国家担保基金，为银行给中小科技企业的贷款作担保。同时，拨款设立风险投资基金，并采用合伙人的模式运作，政府持股40%，私人持股60%，政府不干预具体运作。如果运作成功，6年后，政府将基金的原价出让给其他基金投资者撤出资金；如果运作失败，政府与投资者共同承担损失。此外，还通过开放市场、私有化、实行调节税和减让税等措施吸引投资者对高科技企业的投资。

（2）政府推动发展风险投资市场

以色列采取政府导向型模式发展智能金融，异于日本、德国的银行导向型模式。政府设立了总金额2.2亿美元左右的国家担保基金，为通过高标准审核后的科技企业向银行申请贷款提供担保。1993年，政府出资一亿美元推出了YOZMA计划，并在1998年推出了YOZMA二期计划。引导性基金YOZMA的形式是：基金一部分由以色列政府出资，另一部分由商业性的创投机构募集，且后者必须由以色列境内与境外的金融机构共同参与，作为基金的有限合伙人。合伙人制度在运行机制上确保了市场化要求，并且有完善的退出机制，便于合伙人在基金运作成功后适时退出，从而在一定程度上刺激着风险资本不断进入本国投资市场。可以说YOZMA计划成为到目前为止最成功地由政府出资建立的引导基金，其使中小科技企业发展与政府的扶持项目较为完美地融合在一起。

（3）完善的孵化器培育系统

以色列推出了众多种子基金计划，其中“科技孵化器”计划最为成功。“技术孵化器计划”开始于1991年，由以色列政府的工业、贸易与劳工部即工贸部设立的首席科学家办公室（简称OCS）建立并管理。其特点主要可以归结为以下四点：

一是对入驻孵化器的项目进行严格的评估与筛选。创业者要有良好的诚信背景，创业项目要具有强大的市场潜力。虽然政府大力鼓励创新，但孵化器计划对于孵化项目宁缺毋滥，为了维持高标准，每个孵化器所接纳的企业一般不会超过 15 家，申请的平均通过率只有 3% 左右。

二是为创业者提供系统性的高质量管理服务。

三是一般性的经营管理活动都是由首席科学家办公室来负责，政府不会直接干预投资管理。

四是对于退出机制设有严格的规定，在孵化过程的五年时间内，如果创业者或风险投资者打算回购相对应的全部政府股权，这一交易活动必须执行，创业者有绝对权力自主选择是否脱离孵化器。

4.1.3.2 以色列智能金融模式给中国的启示

（1）注重政府的引导作用

从国际经验看，政府引导、顶层设计，是构建合理、高效的智能金融合作机制的关键环节。为少走弯路，我国智能金融合作机制构建应注重政府引导、组织、协调功能的发挥，编制系统的规划，有序推动中国智能金融合作机制的完善和创新。

（2）多举措推进智能金融产业发展

通过政策引导激励市场作用的发挥，完善投融资平台服务功能建设，逐步形成多元化、多层次、多渠道的科技投入体系；完善多层次资本市场、支持科技企业做强做大，尤其注重支持面向中小高科技企业的金融创新产品开发。例如，学习以色列孵化器项目宁缺毋滥、高服务水准以及退出自由化的成功发展经验，以高质高效、控量增效为原则，结合市场需求，确定合理的孵化数量与整体规模，确保能维持较高的科技项目的孵化效率；构建科学合理的评估筛选机制，对于项目创新性、市场的潜在发展等进行全方位的评估，以保证创业理念与市场发展的高度融合；加强项目的考核工作，紧紧跟踪项目的孵化进度，并且为孵化器提供完善的配套辅助服务，并对服务水准及企业满意度进行考核。

（3）优化科技金融生态环境

完善科技企业信用体系，优化科技金融信用环境；完善知识产权保护政策，建立交易平台，促进科技成果市场化；优化科技金融政策环境，加强金融政策、财税政策与科技政策的协调，强化政策合力；建立有利于高端科技金融人才生存和成长的环境，推出国家科技金融人才计划等。

4.2 案例二：Wealthfront 公司

4.2.1 公司简介

Wealthfront 公司是一家基于软件的在线财富管理企业，是美国著名的智能投顾服务公司，前身叫 Kaching，成立于 2008 年 12 月，于 2011 年更名为 Wealthfront。Wealthfront 致力于为用户提供高质量、低门槛、低费用的智能理财咨询服务。传统理财行业的进入门槛都在 100 万美元以上，费率在 1%以上，而在 Wealthfront 开户的会员进入门槛只有 5000 美元，费率只有 0.25%，且 Wealthfront 聘用高端财务顾问，提供高质量理财咨询服务，服务质量不低于传统理财。截至 2016 年 2 月，Wealthfront 的资产管理规模约 30 亿美元。

Wealthfront 提供的智能投顾服务本质上是一种投资顾问服务模式，狭义的理解是以智能化股票投资组合推荐、自动策略交易服务为代表的服务，根据投资者的风险偏好，为用户推荐投资组合。广义的理解则是考虑投资者的财务情况，对其个人财富进行精确配置，统筹考虑多种资产，如股票、基金、保险等。

4.2.2 发展历程

Wealthfront 的前身是一家名叫 Kaching 的美国投资咨询顾问公司。Kaching 起初是一家社会投资网站，会员在 Kaching 注册后会获得 1000 万美元的虚拟货币，任何一位股票投资者都可以在上面开立自己的账户，选择投入真实的资金进行交易，或用虚拟货币投资。通过公布自己选择的股票和投入的金额，他们的投资业绩会随股市的波动表现出来。其中业绩优秀的投资人就会引来很多跟随者，跟随者的增多能够增大这些投资人的带动力，从而增大赚钱的概率。同时，追随者不需要付费就能得到优质投资组合信息。

2008 年 12 月，Kaching 正式注册成为一家投资咨询顾问公司。会员付给 Kaching 网站少数业绩优异的投资人一定比例的佣金，平台和投资人分享这些佣金，会员将其股票账户与投资人的投资组合相连，自动跟随投资人进行交易。

2011 年 12 月，Kaching 更名为 Wealthfront，转型为一家专业的在线财富管理公司，同时也是非常具有代表性的智能投顾平台，借助于计算机模型和技术，为经过调查问卷评估的用户提供量身定制的资产投资组合建议，包括股票配置、股票期权操作、债权配置、房地产资产配置等。主要用户为硅谷的科技员工（无暇理财的科技人才），如 Facebook、Twitter、Skype 等公司的职员。Wealthfront 平台有一支由业界和学界名人组成的管理团队、投资团队，其创始人为 Andy Rachleff、Dan Carroll，其中，Andy Rachleff 为 Wealthfront 的执行主席，其曾是 Benchmark Capital 的创始人之一，Dan Carroll 为 Wealthfront 的首席战略官。《漫步华尔街》一书的作者 Burton Malkiel 为 Wealthfront 的首席投资官。

2015 年，Wealthfront 获得了显著的增长。截至 2016 年 2 月底，Wealthfront 的资产管理规模近 30 亿美元，而在 2015 年 1 月仅为 18.3 亿美元。2014 年 4 月和 11 月，Wealthfront 分别获得 3500 万美元、6400 万美元的融资，前一次融资由 Index Ventures、Ribbit Capital 领投，后一次由 Spark Capital 领投。经过多轮融资，平台的出资方除了 Index Ventures、Benchmark、Spark Capital、greylock-partners、Ribbit Capital、DAG Ventures、the Social+Capital Partnership、Dragoneer 这些机构外，还有 48 位个人。

Wealthfront 的成长历程如图 4-1 所示。

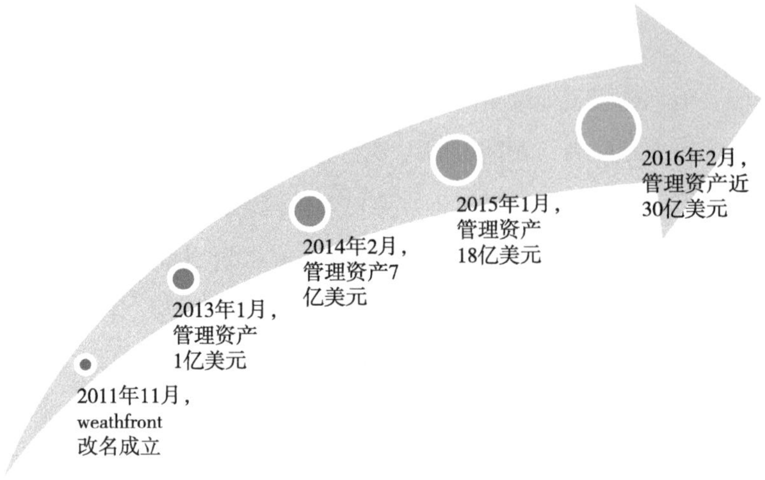

图 4-1　Wealthfront 的成长历程

4.2.3　目前产品

Wealthfront 提供个性化和以指数基金为基础的全球多元化的投资组合。根据现代投资组合理论，Wealthfront 为用户推荐的投资组合旨在根据个人的风险承受能力进行调整，同时保持多样化和节税。

4.2.3.1　主要产品

智能投顾改变了传统理财顾问的销售模式。Wealthfront 作为智能投顾的领头企业，利用互联网大数据，对用户行为、市场、产品等进行详细的分析，系统为用户推荐个性化、定制化、多元化的投资组合，既能避免用户与理财顾问之间可能的利益冲突，也能减少用户的投资理财成本支出，使投资人获得更多的收益。

Wealthfront 提供的主要产品和服务是自动化的投资组合理财咨询服务，包括为用户开设、管理账户及投资组合的评估等。受到首席投资官 Burton 教授投资理念的影响，Wealthfront 采用被动型投资的投资策略，即以长期收益和有限管理为出发点来购买投资品种，不主动寻求超越市场。Wealthfront 每天监控用户账户，自动为用户采取投资行动，不断寻找最优的投资组合，以寻找重新平衡、收获税收损失、再投资股息的机会。用户也能够通过 Wealthfront 平台投资，其投资标的为 ETF 基金。

4.2.3.2 操作流程

对于投资流程，要求用户在注册之前，首先要填写问卷调查，平台根据问卷了解用户的风险偏好，然后推荐量身定制的投资计划。Wealthfront 公司智能投顾业务的整个操作流程包括 6 个主要步骤：

（1）风险容忍度评估

在注册账号之前，Wealthfront 会以调查问卷的形式了解用户的风险偏好，用户需要回答一些问题，如表 4-1 所示。Wealthfront 公司基于大数据系统根据用户选择计算出用户个人风险承受能力。

表 4-1 Wealthfront 风险容忍度测评的问题

问题	选项
您投资的主要原因	A. 普通储蓄；B. 退休金；C. 教育储蓄；D. 其他
您期望什么样的理财顾问？	A. 我喜欢多样化的投资组合；B. 我希望在税收上省钱；C. 我希望有人来完全管理我的投资；D. 我希望跟上或超越市场投资表现
您目前的年龄是多少？	
您每年的税前收入是多少？	
您目前的家庭状况？	A. 单收入家庭，没有抚养人；B. 单收入家庭，至少一个抚养人；C. 双份收入家庭，没有抚养人；D 双份收入家庭，至少一个抚养人；E. 退休或财务独立
您的现金和短期投资总额是多少？	
当决定投资时，您最关心的是什么？	A. 收益最大化；B. 损失最小化；C. 收益和风险兼顾
全球股市经常波动，如果一个月在某个市场您的投资组合价值损失 10%，您将如何应对？	A. 清仓；B. 出售一部分；C. 继续持有全部给投资；D. 买入更多

（2）系统推荐投资计划

投资组合包括两大类：有需要纳税的投资组合（适用个人账户、联合账户、信托账户和公司纳税账户）和退休金投资组合（适用传统 IRAs 账户、Roth IRAs 账户、SEP IRAs 账户、401（K）Rollovers 账户和 501（c）非营利机构账户），资产类别有十一大类：美股、海外股票、新兴市场股票、股利股票、美国国债、新兴市场债券、美国通胀指数化证券、自然资源、房产、公司债券、市政债券。投资组合的载体为指数基金（Exchange Traded Fund，ETF），依据风险容忍度的不同，向投资者推荐的投资计划可能只包括部分类别的资产。

Wealthfront 推荐投资计划网页界面如图 4-2 所示。

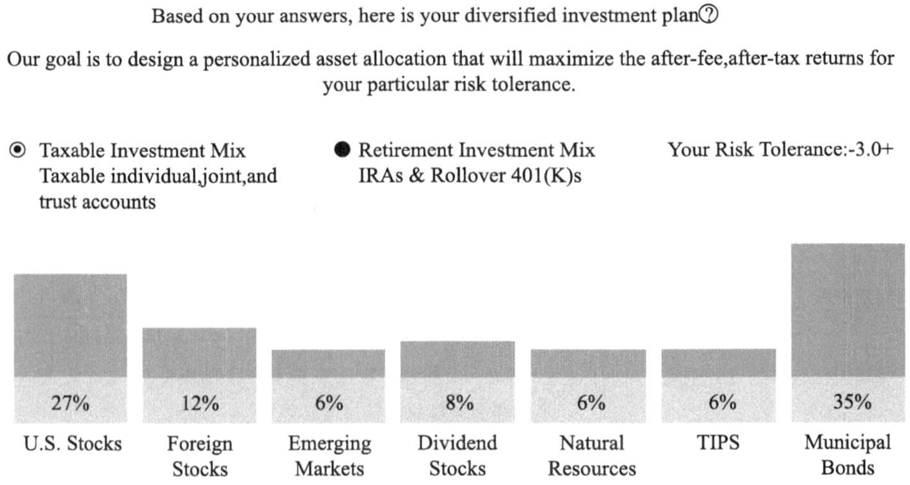

图 4-2　Wealthfront 的推荐投资计划网页界面

（3）开户

首先要求用户选择所开账户类型、是否选择避税的工具和方式，然后是填写基本信息、个人信息（如雇佣情况、每年净收入）、排除的股票清单、资金支付方式、检查核对五个小的步骤；在用户开户以后，顾客资金转入名为 Apex Clearing 的证券经纪公司进行第三方托管保证资金安全。

（4）代理用户购买投资组合

平台代用户向证券经纪公司 ApexClearing 发送交易指令，买卖低费率的 ETF 基金。这些 ETF 基金是 Wealthfront 公司利用云计算、人工智能等技术识别出的当前投资环境下最好的投资组合，每种 ETF 基金代表着每种不同的资产类别。

（5）用户评估、检查自己的投资组合

如果用户接受 Weatlhfront 推荐的投资计划，平台则随时监控该投资组合的动态，并定期对计划进行更新，以便合理控制风险，使之始终落在用户的容忍范围之内。如果需要变更投资组合，Weatlhfront 平台会根据用户的需求更新投资组合，并定时进行用户个人投资组合再平衡。同时，在税收方面，尽可能降低税收对回报的影响，并将不同的资产在税收和非税收的投资组合中分配。

（6）平台获得佣金

自用户开户之日起的下一个月，每月第一个工作日收取账户余额扣除 10000 美元之后的 0.25%的佣金。

Wealthfront 运营流程（见图 4-3）。

图 4-3　Wealthfront 运营流程

Wealthfront 利用现代投资组合理论（Modern Portfolio Theory，MPT）为用户推荐投资组合。该理论是诺贝尔经济学奖得主马科维茨和威廉夏普创造的理论，通过分散的投资组合在降低风险的同时不会降低预期收益率，投资者能够在同样的风险水平上获得更高的收益率，或者在同样收益率水平上承受更低的风险。平台选择的资产种类多达 11 类，一方面有利于提高分散化程度，降低风险；另一方面具有不同资产的特性能为用户提供更多的资产组合选择，满足更多风险偏好类型用户的需求。

至于资金来源，一般的理财平台只能用现金进行投资，Wealthfront 为用户提供了除了现金之外的另一种选择：股票。这就是单只股票分散投资服务（Single-Stock Diversification Service），具体阐述见下。

4.2.3.3 其他服务

Wealthfront 提供的其他服务包括：税收损失收割（Tax-Loss Harvesting）、税收优化直接指数化（Tax-Optimized Direct Indexing）、单只股票分散投资服务（Single-Stock Diversification Service）。

税收损失收割（Tax-Loss Harvesting）即将当期亏损的证券卖出，用已经确认的损失来抵扣所获投资收益的应交税款（主要是资本利得税）。投资者可以将这些节省的税款再投资，从而使得投资者税后收入最大化。该项服务是依靠平台开发的软件来实现的，以往只是服务于账户金额超过 500 万美元的用户，现在所有纳税账户的用户都可以使用。Wealthfront 为用户提供两种税收损失收割服务：每日税收损失收割（Daily Tax-Loss Harvesting）和税收优化直接指数化（Tax-Optimized Direct Indexing），前者要求用户至少投资 10 万美元，后者要求用户至少投资 50 万美元。对于每日税收损失收割，平台系统审视市场上所有的 ETF 来抓住收割机会。用户在享受税收损失收割服务时，需要做到以下 4 点：

（1）理解美国税务局的洗售规则（Wash Sale Rule），并且不违反该规则。所谓洗售，即投资者卖出亏损的证券，但是投资者及其家属、退休金账户在投资者卖出证券前后 30 天内买入同一只或者实质上一样的证券。Wealthfront 建立了系统来特别跟踪用户的投资组合，并依据该规则向用户建议哪些证券可以买卖，但是用户理解该规则是非常重要的。

（2）每日监控投资组合，以避免错失收割机会。

（3）将税收损失收割纳入用户的整体投资策略中，包括储蓄、取款、再平衡、股息再投资等，所有这些交易都需要遵守洗售交易规则。

（4）跟踪投资组合中每只股票的购买价格，这对于收割机会非常关键。

通常情况下，每日税收损失收割能为用户增加约 1%的投资回报，Wealthfront 对 2000 年至 2013 年的投资业绩研究显示，每年为用户增加超过 1.55%的收益率。

税收优化直接指数化（Tax-Optimized Direct Indexing）是强化版的税收损失收割，不是购买单只股票相关的 ETF，而是购买多只股票相关的 ETF，并且用户不需要承担额外的佣金。该服务既能减少投资 ETF 需要支付给基金公司的管理费用，又能实现在个股层面上的税收收割，获得更多的潜在节税收益。Wealthfront 对历史数据的回测结果显示，直接指数化的投资组合平均收益率高于直接投资指数（如 S&P500）的投资组合的收益率，而且个股数量越多的组合，平均收益率越高，即越能利用税收亏损收割的方法增加收益。

单只股票分散投资服务（Single-Stock Diversification Service）是将单只股票逐步以无佣金、低税的方式卖出，并且分散投资到多种类型的 ETF 中。目前，该服务只针对 Facebook 和 Twitter 两只股票。当投资者大量持有某家公司的股票时，需要完全承担这只股票的风险，包括股价波动、抛售股票时机不当等。结合用户短期、长期的资金需求和投资计划，以及风险容忍度，Wealthfront 为用户提供在一定时间内逐渐卖出一定数量该公司股票的服务，而且将卖出股票所得现金投资于用户的分散化投资组合。对比用户自己卖出股票，单只股票分散投资服务的好处包括以下几点：

①免佣金。Wealthfront 对使用该服务的用户不收取佣金或其他费用。

②逐日卖出股票。有计划地逐日甚至每日卖出，减少错失出售股票的良机。

③尽可能地减免税收支出。Wealthfront 的股票售卖计划考虑纳税及短期资金需求，还能与税收损失收割等服务结合，尽可能地降低用户的税收负担。

④收入再投资。基于用户的风险水平，该项服务将出售股票的税后收入自动投到 Wealthfront 的投资组合中，避免用户持有现金而错失投资机会。

⑤非常灵活。用户可以根据需要随时中止、更新、重新设置售股计划，也能够随时清仓、将资金转移至其他经纪账户。

4.2.4 盈利模式

Wealthfront 的特点是成本低，主要用户为中等收入年轻人，区别于传统理财主要针对高净值人群。平台的盈利来源为其向用户收取的咨询费(Advisory Fee)，具体收费比例如表 4-2 所示。

表 4-2 Wealthfront 的盈利模式

费用项目	比例	备注
咨询费	低于 10000 美元：不收咨询费 高于 10000 美元：每年收取 0.25%的咨询费	计算公式：咨询费 =（账户资产净值-10000）×0.25%×资产持有天数/365（或 366）
咨询费减免	每邀请一位用户，邀请人将获得 5000 美元投资额的咨询费减免	
转账费用补偿	平台对于用户原有的经纪公司向用户收取的转账费用予以补偿	用户需要联系平台
其他费用	ETF 持有费用，平均约为 0.12%	适用于持有 ETF 期间，归属于 ETF 所属基金公司

Wealthfront 平台的收费既低于传统理财机构的费用，也低于类似知名的智能投顾平台的费用。通常，美国传统的投资理财机构收取的费用项目较多，整体费率较高，如交易费（Trade Fees）、充值提现费（Transaction Fees）、投资组合调整费用（Rebalancing Fees）、隐藏的费用（Hidden Fees）、零散的费用（“Nickel and Dime” Fees）、咨询费（Advisory Fees），平均约为 1%，也有达到甚至超过 3%的情况。其实，这是可以理解的，美国的人力成本、房屋租金高，传统投资理财机构有大量的理财顾问，甚至开设了不少线下营业网点，这都是巨大的成本开支，唯有通过向用户收取较高的费率才可能收回成本甚至盈利。而 Wealthfront 智能投顾平台依靠互联网技术的优势，不需要那么多的雇员，只需要较少的办公场所即可。因而能够极大地节省传统投资理财机构所承担的上述成本，即使采用低费率的策略吸引投资者，只要成交规模足够大，完全能够实现较多的利润。

部分投资理财平台收费模式如表4-3所示。

表4-3 部分有代表性的投资理财平台收费模式

<table>
<tr><th>平台</th><th colspan="4">收费</th></tr>
<tr><td>Batterment</td><td colspan="4">低于10000美元：每年收取0.35%的管理费（如果账户存款低于100美元，每月额外收取3美元）
10000美元至100000美元：每年收取0.25%的管理费
高于100000美元：每年收取0.15%的管理费
注册成功后能免费试用一个月
通过个人专属链接注册用户超过3人，可以获得一年的账户管理费减免优惠</td></tr>
<tr><td>FutureAdvisor</td><td colspan="4">资产管理费：0.5%/年
ETF运营费（归属ETF所属基金公司）</td></tr>
<tr><td>Covestor</td><td colspan="4">对跟投资金的管理费：0.3%~1.5%，最低收取12.5美元，其中Covestor保留0.25%</td></tr>
<tr><td>FolioInvesting</td><td colspan="4">60天免费试用
套餐：29美元/月或290美元/年，每月能够进行2000次以内的组合交易，超出的交易每笔收取0.5美元
不加入套餐：每笔交易4美元</td></tr>
<tr><td rowspan="7">Personal Capital</td><td>线上服务费用</td><td colspan="3">免费</td></tr>
<tr><td rowspan="6">线下顾问服务费用</td><td>客户资产规模</td><td>投资金额（美元）</td><td>费率</td></tr>
<tr><td>10万~100万美元</td><td></td><td>0.89%</td></tr>
<tr><td rowspan="4">大于100万美元</td><td>0~300万</td><td>0.79%</td></tr>
<tr><td>超过300万~500万的部分</td><td>0.69%</td></tr>
<tr><td>超过500万~1000万的部分</td><td>0.59%</td></tr>
<tr><td>超过1000万的部分</td><td>0.49%</td></tr>
<tr><td>Trizic</td><td colspan="4">按资产管理规模收取0.05%~0.1%不等的费用</td></tr>
</table>

4.2.5 快速发展的原因分析

Wealthfront能获得快速发展，主要是基于七个方面的原因：

（1）目标客户定位中产阶级细分市场，避开与传统理财直面竞争。Wealthfront目标客户群是从事科技行业的、具有一定经济实力的中产阶级。Wealthfront作为一种在线财富管理公司所提供的服务，相对于传统银行信托等财富管理业务来说，不仅是一种方式的转变，更是对人们传统思维的挑战。而从事科技行业人员生活工作方式与互联网关系紧密，对于在线财富管理的风险和收益有较深的了解，思想上对互联网财富管理更容易接受。Wealthfront 的目标受众是 20~30 多岁的高科技专业人才，这些人手中握有很多初创公司的股票，需要获得一些如何处理这些股票的意见，在线财富管理咨询迎合了这些人员的需求。在财富管理行业，传统的银行信托等金融机构的财富管理业务占领了富人市场，新兴的在线财富管理公司把目标客户锁定在中产阶级，对每个客户的需求量身定做财富投资方案，并针对客户需求的变化调整投资方案，避开了传统财富管理业务的直接竞争，利用互联网低边际成本的优势扩展中产阶级细分市场，有效地提高了企业的核心竞争力。

（2）提供的服务质优价廉。Wealthfront 能从多种资产中为用户推荐个性化的投资理财服务，多样化的资产配置，而且费用很低，背后的核心是平台雄厚的技术实力和模型方法。无论是互联网技术，还是金融市场的理论、技术，美国都引领着世界的潮流，Wealthfront 将这种优势充分结合，因而能快速发展。

（3）采用类似传销的模式。每位在 Wealthfront 投资的用户，如果邀请朋友在 Wealthfront 开户成功，可以和朋友分别享受免除额外的 5000 美元费用。这种收费模式为用户和公司带来了双赢，在为用户带来实惠的同时，也为网站做了免费的宣传。

（4）强大的管理和投资团队。Wealthfront 目前的管理团队有 12 名成员，基本上都是来自全球顶级的金融机构或互联网公司，比如 Vanguard、Benchmark Capital、Livevol Securities、Apple、eBay、LinkedIn、Facebook、Twitter、EMC、Microsoft 等。投资团队现有 12 名成员，无论是投资顾问还是量化研究人员，基本上都拥有世界一流高校的博士学历，投资经验丰富，在商界、学界、政界均有较丰富的资源。

（5）美国 EFT 市场较为成熟，提供了丰富的投资工具。据中国基金报披露的数据，经过 25 年的发展，截至 2015 年 12 月美国 ETF 管理的资产规模达到2.15万亿美元，较2014年增长7%，净资金流入超过2000亿美元。而且美国的ETF种类繁多，据不完全统计超过一千多种。这为Wealthfront智能投顾产品提供了非常丰富的投资工具，以满足不同类型用户的需求。

（6）信息披露比较充分，容易获得用户的信任。Wealthfront官网上的信息分五大部分：我们是谁（Who We Are）；我们是做什么业务的（What We Do）；博客（Blogs）；平台新闻、研讨会等资源（Resources）；法律文件（Legal）。从用户的角度披露大量的信息，不仅告诉用户如何使用其产品和服务，而且进行风险提示，信息表现形式也是多样化的，有PPT、白皮书、文字、图表等，并且多处使用数据给用户直观的解释。

（7）美国SEC的监管较为完善，有利于持牌机构提供理财服务和资产管理。美国智能投顾与传统投资顾问一样，遵守《1940年投资顾问法》（Investment Advisers Act of 1940）的规定，接受SEC的监管。该法规定，仅通过网络开展业务的投资顾问公司，无论管理资产规模大小，都必须成为SEC的注册投资顾问。在美国、英国等国家，获得金融顾问牌照就可以开展投资顾问和资产管理服务。美国SEC的下设机构投资管理部，对投资管理机构监管，负责颁发投资顾问资格，Wealthfront这样的持牌公司能合法地提供理财服务和资产管理业务。

4.2.6 Wealthfront模式在中国的发展前景

4.2.6.1 机遇：理财计划的新选择，养老问题的新答案

我国的个人理财市场起步较晚，但是发展迅速，蕴含着巨大潜力。近年来我国的资本市场发展迅速，居民财富累积额逐年上升，投资需求旺盛，为个人理财市场的发展提供了良好的物质基础和广阔的发展空间。

余额宝的兴起是迎合中国居民理财需求迅速取得成功的先例。自2013年6月至2014年第二季度，余额宝的资金规模已超过5000亿元人民币，收益率相当于银行存款利息的十五倍左右。与余额宝相类似，Wealthfront在保持传统理财行业优质服务的同时降低了进入门槛和费率，但面向的目

标人群不同。余额宝吸取的客户大部分是对流动性要求高、风险承受能力比较低的银行活期存款客户。Wealthfront 所提供的个人理财服务面对的是有一定风险承受能力并希望获得较高收益的中等收入人群，因此余额宝对 Wealthfront 并不形成威胁。

此外，Wealthfront 是一种长期的被动投资，特别适合退休养老。目前，我国 60 岁以上老人突破 2 亿人，到 2025 年，这个数字预计达到 3 亿。中国的老龄化现象越来越严重，养老计划却饱受群众诟病。“421”的家庭模式使家庭养老变得越来越困难。“双轨制”缴纳养老保险又广受诟病，“以房养老”受到住房产权等 70 年的限制，等等。从最初的家庭养老到社会养老再到住房养老，养老已经成为中国一大难题，并且这个难题随着老龄化现象的严重和养老金的亏空而日益明显。

很多年轻人选择基金定投、商业养老保险等方式提前规划养老金。如果能够引进 Wealthfront 的管理养老账户的方式，在劳动力年轻时就将一部分资金投入多样化的 ETF 中，年老后获得收益。而且，Wealthfront 的投资门槛低，低廉的费用完全在工薪阶层的接受范围之内，这在一定程度上解决了养老难的问题。

因此，Wealthfront 可以利用互联网金融低成本的优势，满足中等收入群体的理财需求以及养老需求，对于像 Wealthfront 一样的批量化在线理财工具进入中国是一个机遇。

4.2.6.2 挑战：监管有风险，投资受限，金融市场不成熟

（1）从监管政策角度出发，国内对投资顾问和资产管理业务分开管理，适用不同的法律法规。《证券、期货投资咨询管理办法》中就有明确的条款，证券、期货投资咨询机构及其投资咨询人员，不得从事下列活动：代理投资人从事证券、期货买卖。虽然《账户管理业务规则（征求意见稿）》体现了投资顾问可以涉足资产管理业务的趋势，但是尚未正式实施。而且已有的规定表明，通过互联网平台投资需要先有产品再有资金，不然涉及资金池和非法集资。另外，中美税收制度的差异，国内对于买卖

股票所得增值收入征收的是个人所得税，难以进行税收抵免。此外，虽然国内尚没有出台有关互联网金融方面的监管法规，但是央行等监管机构对于互联网金融创新采取比较谨慎观察的态度。一旦 Wealthfront 模式在中国发展过于迅猛，很有可能受到监管机构的关注和限制。另外，根据现有的法律，Wealthfront 的经营模式在国内有被认为是非法集资的风险。

（2）从资产角度来看，国内 ETF 规模较小，数量少，据 Wind 资讯的不完全统计，截至 2016 年 3 月初大约有 120 只 ETF，规模不到 2000 亿元，而且主要是传统的指数型 ETF、债券型 ETF、商品型 ETF 等较少。因此，投资数量和种类都无法与国外抗衡，种类少就难以分散风险。另外，ETF 以各类指数为标的，能获取稳定收益的前提是金融市场的成熟。除去金融危机等特殊情况的影响，股票市场和其他金融市场每年应当随着 GDP 的增长而大致呈增长趋势，而中国的股市变动强烈，ETF 以此为标的难以获取稳定收益。中国金融市场的不成熟，Wealthfront 类型的投资合理性存在质疑。

（3）就资本市场环境和投资用户心态而言，国内投机性强，价值投资者稀少。总之，Wealthfront 模式可为处于社会及家庭双重重压的中国中产阶级提供更低成本，更高品质的理财服务，为解决养老问题提供新的思路，但其在美国的模式不能完全复制到中国，至于做出何种改变就要依靠于创业者的智慧了。

4.3 案例三：蚂蚁金服

4.3.1 公司简介

蚂蚁金融服务集团（Ant Financial Services Group）是浙江阿里巴巴电子商务有限公司的子公司，起步于 2004 年成立的支付宝。同年 10 月 16 日，公司正式注册，注册资本为 135260.8513 万元人民币。2014 年 10 月，蚂蚁金服正式成立。旗下业务包括支付宝、支付宝钱包、芝麻信用、网商银行和蚂蚁金融云等。阿里巴巴创始人之一彭蕾担任蚂蚁金服集团董事长。

4.3.2 发展历程

蚂蚁金融服务集团公司从小微做起，也只对小微的世界感兴趣，蚂蚁金服身上承载了太多小微的梦想，喜欢与更多小伙伴同行。就像蚂蚁一样，虽然渺小，但它们齐心协力，焕发出惊人的力量，在通往目的地的道路上永不放弃。2015 年 2 月 11 日，阿里巴巴和蚂蚁金服联合宣布，已完成两家公司之间关系的重组；6 月，蚂蚁金融服务集团获得浙江融信 100%股权；6 月 10 日，原蚂蚁金服 CEO 井贤栋担任蚂蚁金融服务集团总裁；6 月 12 日，兴业银行与浙江蚂蚁小微金融服务集团有限公司签署战略合作框架协议，正式建立战略合作关系；11 月 30 日，蚂蚁金服对外宣布，与韩国电信等公司共同发起的互联网银行——K Bank 已经获得韩国政府批准筹建。2016 年 3 月 10 日，中石油、阿里巴巴、蚂蚁金服签约合作“互联网+”；4 月，蚂蚁金融服务集团对外宣布，已完成 B 轮融资。

蚂蚁金服的发展历史上有一款非常重要的产品：余额宝。它帮助支付宝完成了从支付到金融的转型，让数以亿计的普通中国居民第一次享受了个人理财服务，为后来整个蚂蚁金服的金融业务发展奠定了基础，也开启了中国互联网金融的元年。此外，“金服”二字也显示出蚂蚁金服不是一家传统的金融控股集团，“金服”二字，重在服务。蚂蚁金服希望既能服务草根消费者和小微企业，也能服务金融机构，并和后者共同为未来社会的金融服务提供支撑。

4.3.3 公司文化

4.3.3.1 花名文化

花名文化来源于淘宝网，如今已经属于整个阿里巴巴集团。在淘宝网成立之初，马云就要求每位员工以金庸武侠人物中的名字作为花名，后来这个传统在蚂蚁金服得到延续。马云是金庸迷，他的喜好促成了花名文化的诞生。马云自己的花名是“风清扬”。在蚂蚁金服中，有些人的花名反映了他们本人的真性情，有的花名则寄托了对自我人生状态的一种期冀，武侠人物的言行和担当，帮助他们在现实世界之外，建构了虚拟的意象和精神榜样，让他们在现实工作中多了一份理想、情怀和拼搏精神。

花名不仅好听、好玩，在客观上也起到了淡化等级，方便记忆等作用。对淘宝网和支付宝很多普通员工而言，即便某人是你的上级、上级的上级，你也可以直呼其花名，这在一定程度上消除了职位高低的权力感差异，营造了一种亲昵的人际交往氛围，对公司的管理体制形成了有益的补充。

久而久之，很多员工之间只知花名而不知真名。同时，公司也形成了一种特定的文化，比如：淘宝网的“玩”性很重，这种“玩”灵活多变，正好与互联网创新的特质相符。正是看到了花名文化这种隐喻的力量，阿里系的很多前员工在创业时也都纷纷模仿，这让花名文化在中国很多互联网创业公司生根发芽。

4.3.3.2 铁军文化

阿里的一批老员工因为敢打硬仗而被称为“阿里铁军”，现在我们依然会看到一些“阿里铁军”早期培训员工的视频，其中包括与员工一起鼓掌，一起大喊口号的影像。起初阿里巴巴的销售团队坐在一间大办公室里，每当有人接到单，他座位旁边的灯就会闪烁，然后这个人就会站起来，接受其他销售人员的鼓掌。在很多人看来，这种画面和互联网公司标榜的气质具有很强的违和感。

然而这种直觉很容易忽略一个关键性的问题，即阿里巴巴其实是在用这种“土办法”培养组织的凝聚力和战斗力。企业的本质是人的组织，而非设备和技术的集合。企业的任务就是将人组织起来，完成特定的社会功能和责任。在这个过程中，优秀的企业会使用各种技术和手段来完成目标。从这个角度来说，只有充分发挥人的能动性，企业才有发展前景和希望。

当然，“阿里铁军”的这种培训方法是特定时期的产物。现在的蚂蚁金服，高学历的员工很多，年龄结构也是30~40岁的人占绝大多数，提升员工凝聚力已经不能再用“阿里铁军”的土办法，然而这家企业对员工一以贯之的关怀是不变的。阿里巴巴内部有一句话叫作“一年香，三年淳，五年陈”。阿里把新入职的员工比喻成一年新封的美酒，这时的酒悄悄地散发着自己的芬芳；入职三年的员工好比醇厚浓郁的酒；而入职五年的员工就像陈香酒一样，一方面经得起岁月的考验，另一方面也可以“陈香四溢”地影响周围人。现在蚂蚁金服会为在公司待满五年的员工集体举行“受戒仪式”，这既是向员工表示感谢，也是在继续发扬和传承组织文化。

4.3.3.3 “裸奔”文化

支付宝的文化大多数起源于淘宝，比如“裸奔”文化就起源于淘宝的“倒立看世界”。一个人在倒立的过程中，首先要有恒心，其次要克服摔倒的恐惧，最重要的是看世界的视角会大不相同。换一个角度看世界去重新审视自己认为已经熟识的东西，往往会有意外收获。互联网的价值观就是要与众不同，不随大溜儿，这既是竞争策略，也是创新之道。

裸奔文化起源于“老苗”的一句话：等日交易额突破700万元时，我们就裸奔庆祝吧！出乎“老苗”意外的是，正是这句话让他成为支付宝历史上第一个裸奔的人。2005年上半年的一天，在完全没有准备的情况下，同事脱掉了老苗的衣服，“裸奔”的主意是他自己出的，说到就要做到。从那以后，“裸奔”作为支付宝的一种独特的庆祝方式流传开来，每当一个项目或者目标变成现实时，项目的负责人就会扒光上衣或者穿上奇装异服，举着标有成绩的大牌子在公司大楼里跑一圈，向所有人报告这个好消息。

4.3.4 盈利模式

蚂蚁金服的主要业务，按照产品设计可分为：支付宝、余额宝、招财宝、蚂蚁聚宝、芝麻信用、网商银行、花呗、蚂蚁达克、蚂蚁金融云等。按照业务类型可分为：支付、理财、融资、征信、国际业务以及技术和数据业务。本节下面将分析蚂蚁金服几个主要板块的盈利模式。

4.3.4.1 支付模块

支付宝是蚂蚁金服的起家业务。支付宝的成立最初是为了解决淘宝网的支付问题，而在解决这一问题的过程中，支付宝一方面拥有了来自淘宝网的大量客户，不用在市场上高成本挖掘客户；另一方面，支付宝发现了客户长期在支付宝平台上有资金沉淀，合理利用这些沉淀资金可以创造利润。经过了 12 年的耕耘，支付宝在国内支付领域稳占 50%以上的份额，是当之无愧的王者。支付宝最初是为了帮助淘宝网解决交易安全问题，所以支付宝的模式是“第三方担保交易模式”。如今，支付宝已经是亚洲最大的独立第三方支付平台。第三方支付平台的业务处理模式如图 4-4 所示：

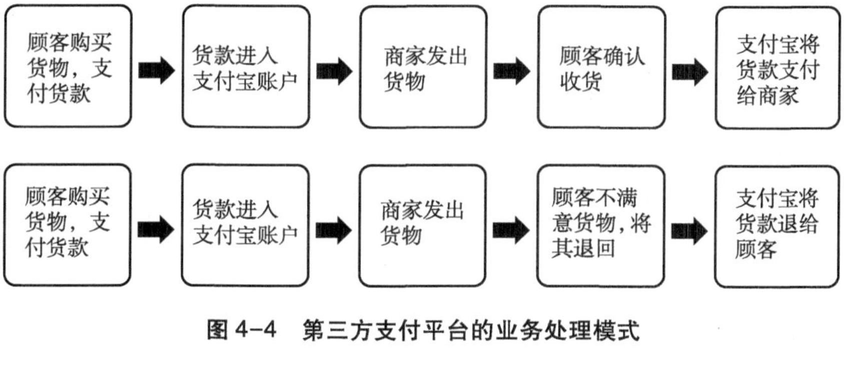

图 4-4　第三方支付平台的业务处理模式

在这个过程中，支付宝获得的收益可分为四部分：

（1）利息收入

从顾客下单，到顾客收到货物，一般有三天左右的时间。这段时间顾客的资金完全可以由支付宝自由使用，而且一般顾客在收到快递货物之后，即使检验满意，决定收下货物，也没有去“确认收货，并将钱转给商家”的习惯。所以，在一定程度上，支付宝这段时间也可以利用顾客的资金。总的来说，由于资金收付具有时间差，支付宝平台上具有资金沉淀，支付宝就可以利用沉淀下来的资金获得存款利息。比如，支付宝可以将大笔资金，按照“大额协议存款”存入银行。

（2）佣金收益

支付宝作为第三方服务平台，理论上可以向顾客与商家同时征收费用。但是支付宝是阿里巴巴集团下属公司，与阿里巴巴集团下的淘宝网为利益共同体，所以目前支付宝并不向顾客征收佣金。支付宝的佣金收益目前仅来自商家。由于购物平台中，淘宝网占据了主导市场，淘宝网最支持的支付方式为支付宝，商家为了获得稳定的客户群，在支付佣金的问题上，缺少话语权，所以支付宝的佣金收入较为稳定。

（3）广告收入

在互联网时代，只要拥有一定的稳定客户群，就可以通过投放广告的方式获得广告收入。支付宝还通过其他服务增加收益，比如代买机票，生活缴费（水、电、天然气、有线电视等）。

4.3.4.2　理财模块

时至今日，蚂蚁金服引入的理财产品已经包含定期、基金、股票和黄金等领域。定期模块包含：国寿超月宝、华泰节假日 91 天、国泰君安得利三号 14 天等；基金模块包含股票型、混合型、债券型、指数型、QDII 型等，而且提供业绩排行，定投排行，估值排行等多种筛选方式；股票板块，蚂蚁金服提供了进入股票市场的接口，支付宝 App 用户，可以直接通过支付宝 App 查看大盘行情，阅读研报等；黄金模块，支付宝 App 同样提供了进入黄金市场的接口，顾客可以直接通过余额宝付款，购买黄金基金。在卖出黄金费率上，蚂蚁金服平台甚至更具有竞争力。

蚂蚁金服成功地通过支付宝 App 整合了各类市场投资业务，而支付宝

App 在智能手机上的安装率为蚂蚁金服成为金融服务最大供应商提供了基础。一旦投资者使用支付宝 App 进行财富管理的习惯养成，蚂蚁金服就可以通过提高基金等进入蚂蚁金服交易平台的标准获得收益，也可以通过竞价排名的方式增加营业收入。

4.3.4.3 网商银行

网商银行的盈利方式与普通银行并无二致，而两者之所以有所区分，是因为网商银行更好地利用了互联网的力量实现普惠金融（Inclusive Finance）。

浙江网商银行股份有限公司是中国首批试点的民营银行之一，于 2015 年 6 月 25 日正式开业。网商银行将普惠金融作为自身的使命，希望利用互联网的技术、数据和渠道创新，来帮助解决小微企业融资难、融资贵、农村金融服务匮乏等问题，促进实体经济发展。网商银行是中国第一家将核心系统架构在金融云上的银行。基于金融云计算平台，网商银行拥有处理高并发金融交易、海量大数据和弹性扩容的能力，可以利用互联网和大数据的优势，给更多小微企业提供金融服务。网商银行定位为网商首选的金融服务商、互联网银行的探索者和普惠金融的实践者，为小微企业、大众消费者、农村经营者与农户、中小金融机构提供服务。

网商银行的盈利方式与传统银行并无明显区别，仍然是通过较低的利率，在资金相对富余的地方获得资金，再将资金以较高的利率投入相对稀缺的地方，从而获得利息差。网商银行的资金来源主要为：自有资金、同业拆借和资产证券化等，贷款方向主要为：个人消费，小微企业和农村用户。仔细分析可以发现，在资金来源方面，网商银行的创新性并不强，只有资产证券化（Asset Based Securities，ABS）略显新颖，而在资金使用方向上，网商银行则重点关注了传统银行遗漏的客户群体，重点关怀个人，小微企业和农村用户，体现了普惠金融内涵的包容性这也正符合网商银行“无微不至”的愿景与使命。

4.3.5 发展挑战

4.3.5.1 早期的账户信息危机

2007年之后，淘宝业务量呈几何级增长，这对支付宝系统提出了不断升级的要求。2007年，支付宝计划度系统进行改造，在诸多系统中，核心账目系统最为重要，由于记载了用户核心的资金和交易信息，所以一个bite都不能错，因为错一个bit就是一个亿或十个亿的差错。然而三个月之后，用于更新的新系统没有开发出来，为了配合这个进度，支付宝的很多业务创新都暂停了。拖了两周之后，CFO决定系统必须发布，箭在弦上，硬着头皮也要做。技术团队申请了8个小时的停机时间，在8个小时之内要把所有的账目平掉，再向用户重新开放。计划前四个小时调换数据，后四个小时数据核对。但是在核对的过程中，发现数据无法配平，接下来就要寻找错误数据，但是这无异于大海捞针。15个小时之后数据终于找到了，数据核对配平了。为了万无一失，技术部门决定，先将系统放出去5分钟，然后立刻收回来，再试一次，结果5分钟之后，数据依然不平。

此时距离支付宝停机已经17个小时，超过预定时间9个小时，当时网上疯传“马云是不是跑路了?”技术部门又查找了2个小时，下午，新系统发布。积攒了多时的用户像潮水一样涌来，凶猛程度完全超出了新系统的设计容量，系统放出去就挂掉，然后技术部门再重启，再挂再启，虽然局面很狼狈，但是最后数据没有出错还算是成功的。

就在大家都以为系统发布成功时，监控系统的报警器响了。这个监控系统可以监控每一笔交易和资金，系统不停地报警，说明核心账目出了问题。此时系统已经发布几个小时了，几亿、几十亿的资金已经涌入，如果有错误，也不知道错在哪里，想挽回也只是徒劳。当时的技术部门选择静观其变，放弃努力。20分钟之后，当用户的洪流慢慢泄下，系统稳定之后，技术部门又查了一遍数据，发现是监控系统本身的问题，数据并没有出错。

到这时，支付宝三期的发布才算成功了。

4.3.5.2 中期的服务定位危机

如果说微信的崛起和移动互联网时代的到来让阿里巴巴集团产生了巨大的危机感，那么微信马年春节红包确实让支付宝有了如鲠在喉的感觉，它第一次在自己的核心支付领域迎来了挑战。

历史上不乏微小创新改变大格局的例子，微信正是利用红包促成了短时间内大规模用户绑卡，微信支付用一夜的时间完成了支付宝八年做的事情。在微信红包推出不久，阿里巴巴和支付宝的高层就意识到了问题的严重性。红包本来是淘宝的产品，最初用作淘宝网上的一个营销工具，用户结算时可以抵消商品的部分金额。虽然这次微信红包给了支付宝一记闷棍，但是在互联网支付领域做惯了头把交椅的支付宝，还是没把微信作为势均力敌的对手看待。更大的挑战随之而来了，微信凭借六亿用户带来的巨大流量，依靠社交所构建的场景和扫码支付带来的各种便利，激活了大量的移动支付业务。中国的移动支付市场由此开启了两强争霸的时代。

微信红包带来的冲击，使管理层开始思考：问题出在哪里？支付宝是不是应该做社交？在微信已经将社交需求满足得很好的情况下，支付宝做社交的意义在哪里？核心层给出的答案是：支付宝的社交不是单纯以聊天为目的，而是基于支付宝的应用场景来满足用户自然的沟通需求。以转账为例，如果支付宝只有转账功能，那么在转账完成后，付款方还需要通过微信或者短信确认对方是否收到款项，这样用户就会被迁移到微信上去。所以为了完善支付宝的整个支付流程，支付宝应该配套一定的社交功能。支付宝不是为了社交而社交，而是社交实为支付环节的最后一环，为了用户的完整体验，社交是支付宝的必备功能。

支付宝 9.0 版本之前，支付宝的产品是按照一种工具类的思路去做的，提供的产品和服务也都是 B2C 的，而在支付宝 9.0 版本中，公司将支付宝明确定位为生活服务平台，并尽可能地丰富场景。场景是支付宝最重要的事，这是马云等高管在新加坡召开的一次大会上达成的共识。事到如今，很难通过一个 App 去帮助用户，场景在哪里，用户的支付行为就在哪里。正是这种对场景的坚持，公司明确地将支付宝定位在生活服务平台。在此背景下，支付宝推出了 9.0 版本，完成了自己定位生活平台的转变。

4.3.5.3 来自传统金融机构的挑战

由于蚂蚁金服的强势发展，让传统金融机构感受到了潜在的威胁。在支付宝出现之前，中国居民普遍没有理财意识，多数资金都以活期存款或者定期存款的形式放在中国商业银行中，仅获得极低的利率。商业银行将这些资金汇集起来再高利率放贷出去，就可以稳赚存贷利息差，甚至民生银行行长公开表示："银行赚得这么多，都不好意思了。"

以"支付宝"为代表的"宝宝们"，打破了这一局面。2014 年，中国经济开始下滑，银行资产端的收益不断下滑，货币市场供给也出现了紧缺。长期生活在存贷款利差保护下的银行突然意识到了问题的严重性。他们开始意识到，支付业务虽然看似不赚钱，但可以沉淀用户数据，而有了数据就有了基于数据的精准金融服务。原来看不上眼的，只干脏活累活的小兄弟，已经和自己形成了正面竞争关系。如果自己不愿意做颠覆性创新，在这场竞争中能不能保命都是问题。在这种情况下，四大行抱团自救，他们相继调低支付宝快捷支付的单笔限额和日累计限额，这意味着支付宝用户的消费受到了限制，这一招一下掐住了支付宝的咽喉。与此同时，央行与银保监会也颁布了一系列趋紧的监管政策。

面对施压，马云公开发文质疑："不知道谁给银行的权力，可以伤害储户支配自己资金的权力，更不知道谁来监管四大'国手'联合封杀的合法性。"马云质疑国有银行的权力合法性，确实戳中了问题的核心。但他忽略了在金融这个高度监管的专业领域，参与者主要是国有机构，

“玩法”与互联网圈迥然不同，因此这种高调直接的表态不合时宜。幸运的是，与此同时，支付宝也在和银行寻找一种妥协。在双方剑拔弩张之际，马云逐一私下拜会了四大行的董事长，着力修复支付宝和银行之间的关系。支付宝的顺利发展，既有淘宝场景的关系，也借助了中国既有的金融体系，没有金融电子化的发行站和支付清算体系的完善，支付宝无法连接各家银行，这就如同电商在中国的迅速发展，离不开政府在公路、桥梁、高铁、航空等基础设施的投资，将自己摆在金融机构的对立面对自己没有益处。马云等阿里巴巴高层思路的转变也是蚂蚁金服继续发展的前提。

4.3.5.4 未来的协调监管挑战

蚂蚁金服起家于互联网，后来误打误撞进入金融领域，但是骨子里的互联网基因很难改变。互利网的自由、灵活、创新与金融监管强调的风险控制是有些格格不入的。再加上初期蚂蚁金服内部缺少专业的金融人才，因此，如何与金融监管机构打交道，如何和金融业界相处，是蚂蚁金服进一步发展必须解决的问题。

时任蚂蚁金服 CEO 的彭蕾表示，创新是小微金服的灵魂和血脉，而在创新的同时做到稳妥是一种能力。主动拥抱监管而不是被动等待监管，更重要的是锻炼一种宏观思考的能力以及主动沟通的能力和方法，一种拥抱、理解监管的态度和能力。马云也表示，我们没有办法躲在角落里，公司的发展不存在所谓的高调和低调，唯一衡量标准是能否实现愿景和目标。马云认为，如果小微金服要建立一个开放、透明、公正的金融体系，外界就不可避免地会认为其很高调，但这不是问题的关键，关键是公司本身要做到开放，透明，分享并肩负社会责任。反观互联网金融市场上，一些穷尽各种办法逃避监管，违规操作的公司，可以说，蚂蚁金服甚至阿里巴巴高层的开放态度，为蚂蚁金服的继续发展提供了无限的可能性。

在监管端，中国人民银行行长周小川表示，科技创新是经济增长的动力，对于经济的发展首先要有热情，新事物刚出现时不一定能弄得很清楚，也不知道它动态发展的下一步，所以先要尽量采取相对友好的态度，给它们一定的空间。监管高层的开放包容心态，遇上“只要允许我试就行”和“敢为天下先”的互联网企业，中国互联网金融行业就焕发了令人震撼的活力。

事实上，没有绝对的安全，也没有绝对的风险，互联网支付实际上是在安全和便捷之间艰难地寻找一种平衡。安全系数越高，用户的体验就会越差；用户体验越便捷，支付的风险也就越高。这两者很难两全，蚂蚁金服正在使用它的智慧和技术，同时寻找两变量的最优解。

4.4 案例四：民贷天下

4.4.1 公司简介

民贷天下是在广州市政府支持下，由资金管理规模超千亿元的广州基金为首发起设立的国资系移动互联网金融服务平台，注册资金 2 亿元人民币（实缴）。目前，平台已成为中国互联网金融协会成员，并成功跻身全国网贷平台 20 强。

民贷天下致力于通过互联网改变家庭投资方式。自 2014 年 12 月上线以来，平台严守合规底线，立足小微金融、消费金融资产业务，坚持小额分散业务模式，全面服务实体经济领域。

随着互联网智能技术的发展，民贷天下将大数据技术、人工智能技术等技术手段和风控团队精英相结合，致力于打造高精准的风险管理。民贷天下采用互联网数据安全行业标准的安全套接层协议与 128 位加密技术，客户在进行会员管理、个人账户管理、充值等涉及敏感信息的操作时，信息被自动加密，保证客户的个人信息安全和资金交易安全。公司平台采取各种合适的物理、电子和管理方面的措施来保护数据，所有隐私信息都经过 MD5 加密处理，防止任何人包括公司员工获取用户信息。民贷天下的风控团队精英来自四大行、四大会计所、知名律所等，首创“345”风控模型，通过调查权、审查权、审批权三权分立，调查、审查、审议、审批四个环节互相制约，确保风险排查，从机制上实现风险控制的规范化、流程化、数据化、系统化，打造银行级的大数据风控体系，同时通过时间戳、电子签章、数据保全等技术，构筑一道坚固的“护城河”，实现 360 度全面保障投资人资金安全。

4.4.2 发展特点

4.4.2.1 国资与市场化运作的双重优势

民贷天下作为国有资本在互联网与新金融领域的大胆探索，自 2014 年底上线以来，民贷天下始终以保障投资人权益为出发点，打造合规、稳健、安全、透明的可持续发展平台。从 2016 年 4 月至 11 月，平台实现了国资平台销量排名“八连冠”，“民贷速度”震惊业内。截至 2018 年 4 月 1 日，民贷天下累计成交额突破 300 亿元，达到 313.79 亿元人民币。

在国资系、银行系、上市系等派系林立的互联网金融界，从来不乏新来者，但少的是超车者。民贷天下几年内却屡次实现弯道超车，究其原因：一方面，民贷天下实缴资本 2 亿元，又拥有国资+央企背景优势，民贷天下合规建设远远走在前头，并获得政府等各界领导的视察，令不少同行羡慕；另一方面，民贷天下管理团队自主权较大，企业运营和业务发展都能进行充分市场化，紧跟市场主流，不断创新产品和服务。在国资与市场化运作的双重优势下，民贷天下获得了市场的认可。

4.4.2.2 技术驱动，双研发中心

互联网金融作为金融创新的产物，与生俱来的优势就是技术，从风险控制到撮合交易的全流程中，技术都发挥着关键作用。民贷天下是一家金

融企业，同时，民贷天下也是一家互联网企业，因此技术成为了平台重要的发展驱动力。

对于研发，民贷天下“舍得投入，坚持投入”。技术人员占公司全体员工比例的40%，目前已形成北京—广州双研发中心，也是广东唯一一家在北京中关村设立技术研发中心的互金企业，也得以吸引最好的技术人才，应用中国最好的技术资源。目前民贷天下也是业内少数获得国家信息安全等级保护三级备案的平台之一。在技术优势下，民贷天下也实现了获客成本的快速下降，综合利率日趋合理，并在发展前期实现用户和成交量的良性自增长。民贷天下自主探索的“低成本、低利率、高增长”模式，为行业贡献了良好的用户运营经验。

4.4.2.3 双模型多维度的风控保障

作为互联网金融的核心，风控能力决定平台能否可持续发展。民贷天下有两大驱动，其一是技术，另一个就是风控。

“人人都是风控官”，每一个民贷天下新员工入职后，首先会学习到这条企业文化，从而在工作中敬畏风险。实际上，民贷天下自成立起，就快速组建了以来自四大行、四大会计所、知名律所等精英为班底的专业风控队伍。在专业团队努力下，民贷天下独创了银行级的“345风控”和执行“5C”风控模型。前者在于使风控流程化、规范化、系统化，后者在于对用户进行精准画像，提高风险定价能力。在两大模型基础上，民贷天下建立起大数据风控系统，从多维度进行用户信审，形成线上线下的双重风控保障。

4.4.2.4 资金存管，信披透明化

作为信息中介，各平台必须最大限度地保障投资人资金安全。其中，作为合规“标配”的银行存管以及信息披露透明化是关键。

2016年11月，民贷天下与浙商银行合作上线资金存管系统，成为《互联网金融风险专项整治工作实施方案》发布后，全国首批完成银行资金存管的互金平台。此举也意味着，民贷天下用户资金与平台运营资金实

现全面隔离，更有保障也更安全。此外，民贷天下坚持打造透明化平台，运营报告、平台数据、团队详情、公司动态、项目信息等都在移动端或PC端定期披露。此外，民贷天下还创新性地开设了用户开放日、CEO网络见面会等，公司高层与用户零距离接触面谈，由此获得了一大批高忠诚度的用户。

4.4.2.5 业务以合规为准绳

经过前期的发展，互联网金融行业已从“资金为王”步入“资产争夺”时期。2016年8月24日《网络借贷信息中介机构业务活动管理暂行办法》出台后，符合小额分散的业务竞争日趋激烈。可以说，谁拥有了优质资产就有拥有胜算。近年来，民贷天下逐步形成消费金融、汽车金融与小微金融等三大小额分散业务板块，业务规模不断壮大。从路径中可见，民贷天下的业务紧随经济政策和市场主流。在对国内经济进行研判后，民贷天下不断调整业务方向，坚持合规为准绳，同时不断壮大专业业务团队，充分调研市场，进行差异化营销。目前，已成立多个专业事业部和多家分公司用以落地融资服务。

4.4.3 公司风控——天璇大数据风控系统

4.4.3.1 公司风控情况概述

公司针对消费金融、供应链金融等不同类型产品的特点和风险特征分别建立了相对应的产品管理制度和项目贷前、贷中、贷后管理制度，防范欺诈风险和信用风险。同时，平台开发了天璇智能大数据风控引擎，用于尽调数据的线上化展现、培育数据采集和处理能力及风控模型建立与优化。目前公司正在逐步实现丰富维度的企业画像和个人画像，进行授信评判和风控界定。公司借助领先的信用风险管理理念和技术，为客户提供全生命周期的信用风险管理解决方案。

4.4.3.2 系统模型（见图 4-5）

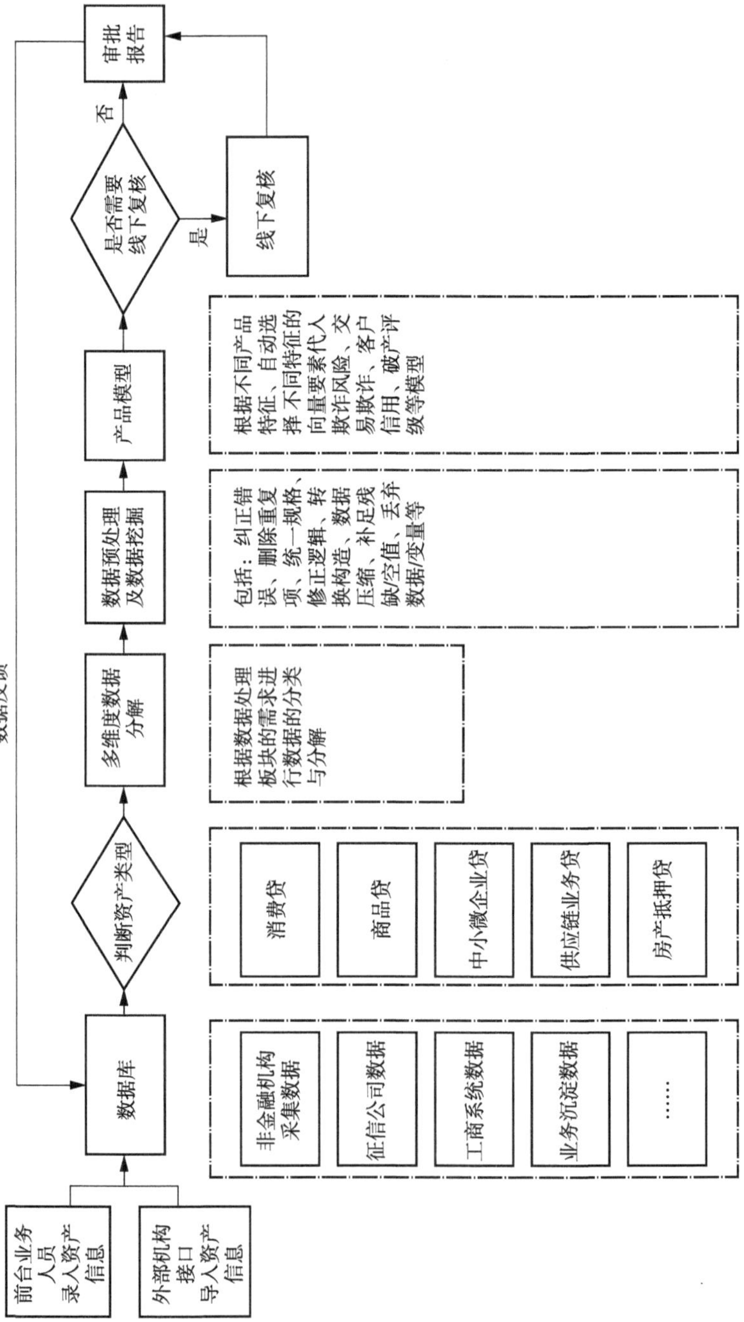

图4-5 天璇大数据风控系统模型

4.4.3.3 系统逻辑介绍

天璇系统通过在数据清洗、调度和可视化、信用评估自动化和信用审批差异化等方面的大数据创新运用，增强公司信贷风险防范能力，提高信审决策效率，降低坏账发生概率。

在公司系统搭建初期，考虑到个人风控数据维度多、复杂度较高，公司的数据清洗和调度均采用开源工具，可视化工具选择进行外部采购，由公司根据业务场景和具体开展情况提出产品需求，在较短时间内即实现系统基础搭建需求，同时保障数据库的建立是需求驱动的。公司信用评估、审批、决策系统部分全程由公司技术人员自行开发，经过业务开展后不断调试，目前已形成一套较为完整、符合公司业务特色、运行情况良好的大数据风控系统。

4.4.3.4 系统反欺诈数据源情况

天璇系统经由借款人授权从数十个外部数据源调取并验证借款人或借款企业个人信息、消费行为信息、社交信息、第三方征信信息，以及交易环境设备信息等近千个信息维度，对借款人的信用风险、欺诈风险以及产品风险进行全面评估。

其中，个人借款人数据源主要包括以下几类：

（1）身份信息：姓名、身份证号、手机号、银行卡号、地址、职业、婚姻、学历等。

（2）信用信息：历史贷款申请信息、正常/异常还款账户、还款记录、逾期记录等。

（3）社交信息：通讯录信息、社交平台数据等。

（4）消费信息：银行卡消费水平、消费能力、高风险行为、月固定应付款占比等。

（5）行为信息：手机使用状况、出行记录、电商平台交易数据等。

（6）合作机构数据：黑名单、白名单客户等。

（7）社会关系：生活圈关系、申请贷款地点、关系人核查等。

（8）负面记录：同业黑名单、失信执行信息、涉案信息、催款公告、关联风险信息、小额信贷风险、多重借贷风险等。

企业借款人数据源包括企业工商资料；企业股东、高管；企业变更信息；潜在风险（失信被执行人、法院裁判文书、经营异常记录）；知识产权（商标、著作、专利、域名）；自媒体（微信、微博）；对外投资；企业年报；经营信息（产品、网店、招投标记录、招聘）；媒体报道等。

4.4.3.5 天璇系统风控规则

公司小额消费贷、个贷业务已全部实现线上自动审批，部分对公项目则是线上线下审批并行，但所有信审信息都将进入天璇系统的信贷决策板块中。公司资产运维人员通过前台资产运营系统导入或已对接的外部合作机构进件后，利用上述数据源以及融资人提供的数据，天璇系统将对用户的欺诈风险、还款意愿、还款能力等进行有效判别。

消费贷或个贷业务的大数据风控规则包括使用勾稽比对、交叉检验的方式，利用天璇系统接入的多维度数据进行逻辑对应关系检验，验证用户真实性和可靠性。通过不同变量数据的交叉验证和比对，确定用户画像中是否有矛盾的地方，判断用户是否可能存在欺诈风险。系统设置强特征筛选，多头借贷次数、关注机构（催收机构等）通话、工作日夜间通话等变量在风控的考量中占有较大的权重，这些变量如果发生次数较高意味着用户存在严重的多头借贷情况严重，有较高的违约风险。

中小微企业贷的风控规则主要为借款企业还款意愿和能力分析。除了对企业数据源财务报表分析（第一还款来源、现金流、质押担保的价值及变现难易程度等）外，还包括是否有知名且固定的商业合作伙伴；违约成本（企业经营负担、社会声誉等）；政府或银行留存的记录等。针对基于核心企业的供应链融资，还需要有核心企业与上下游企业之间经营往来数据、贸易信息等，部分有做系统运营管理的企业，还将开放接口用于天璇系统的数据收集和查询，有抵押物的企业还需要按系统要求提供抵押物的相关要素用于后期数据分析。

完成数据收集后，天璇系统将根据不同产品的类型构建模型。建模的技术主要包括 Logistic 回归、决策树、普通线性回归、分层分析、聚类分析、时间序列等各种机器学习算法。结合之前整合的数据，系统将选择代表不同特征的向量要素用于不同模型。

针对一些风控结果异常或借款金额较大的融资主体，公司还设置了线下审核环节，风控委员会根据天璇系统的反馈结果进行决策会议，决意同意或否决或要求增加担保措施等，并将最终审批结果输入天璇系统用于后期模型的优化。

4.4.3.6 天璇系统贷后运用

针对失信借贷主体，天璇系统以贷前、贷中收集的海量数据为基础，还可通过对接的外部信贷反欺诈系统，短时高效修复借贷失联人失信记录和联系方式等信息，动态监控借款人的信息变更，调整相应的催收策略，进而追讨逾期欠款，提高催收成功率，有效降低平台坏账风险。

4.4.4 智投系统

4.4.4.1 系统简介

智投系统是民贷天下在满足网贷行业政策监管的前提下，基于银行存管系统基础，为借贷双方提供的债权匹配服务，系统主要实现资产配置管理、智能投标两大核心功能的高效对接，基于底层具体项目交易的投标规则和交易撮合系统，项目出借人与借款人直接匹配，平台不参与借贷双方之间的借贷关系，资金流向具体、清晰。

4.4.4.2 系统概念模型

智投系统概念模型如图 4-6 所示。

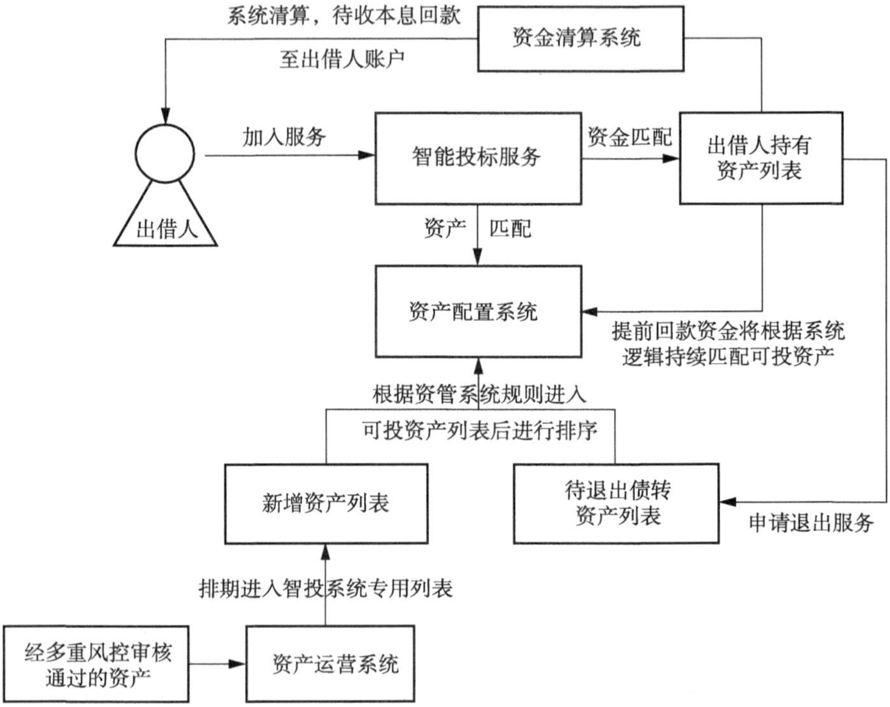

图 4-6　智投系统概念模型

4.4.4.3 系统逻辑说明

(1) 资产配置管理功能

资产运维人员将对经资产端大数据风控系统（详情参见天璇系统介绍）多重审核且符合智能投标系统标准的资产进行标记，该部分资产将与智投系统中待退出的债转资产一起进入资产配置系统。为实现资产资金的高效匹配，系统设置逻辑算法对符合智投系统进入标准的资产进行优先级排序，便于用户资金能够匹配到适合的债权。

(2) 智能投标功能

针对出借人新增资金及用户持有债权要求提前回款资金，系统将根据用户加入服务的金额、时间、拟投资债权的具体需求等，根据资产匹配规则及判断，参照需求的校验逻辑为其匹配合适的债权。在匹配成功后用户可查看到持有债权的具体情况及系统动态计算的预估累计收益情况。针对债权到期或回款产生的现金流，系统设置复投机制，为其持续匹配符合用户需求的债权。

（3）资金清算功能

用户在向平台发起退出服务申请后，针对用户仍持有的债权，平台将根据用户授权协助其通过债转退出。在全部退出成功后，通过资金清算系统对用户加入服务的资金在相应时间内持有债权的具体情况、资金空置情况等进行计算，生成用户实际应收本息的具体数据，对资金进行清算。

4.4.4.4 智投系统服务流程

（1）资产进入智投服务资产配置系统

业务人员通过前台资产运营系统导入或从已对接的外部合作机构进件后，经资产端大数据风控系统（详情参见天璇系统介绍）多重审核过的资产将进入平台资产运营系统。资产运维人员将对符合智能投资系统的资产进行标记，该部分资产将与智投系统中待退出的债转资产一起进入资产配置系统，由系统对资产进行排序。

（2）出借人协议签署及服务授权

出借人根据自身情况选择合适期限、收益的服务产品后，将通过第三方电子签章认证系统与平台签署相关服务合同，授权平台为出借人提供项目投资与交易撮合等相关服务。

（3）债权匹配完成与起息

平台资产配置系统将为已打上不同标签的资金提供撮合服务，在未成功匹配项目或债权之前，出借人的资金以冻结形式存入出借人个人银行存管账户中，智能投标系统完成债权匹配后，出借人授权平台将冻结资金划转至相对应的借款人账户，完成债权投资。出借人加入自动投资类产品将于项目满标放款后起息，用户可查看实际持有债权清单及签署的相关协议信息。

（4）资金运营管理

系统将协助用户对持有债权及资产回款情况进行监控，并及时对资金流情况进行记录，用户可查看到系统动态计算的预估累计收益情况。在平台为出借人提供自动投资服务的过程中出现的债权回款，系统设置复投机制，将在出借人的委托下为其持续匹配符合用户需求的债权。

（5）退出服务

平台约定的服务期到期后，出借人可继续享受平台服务，或根据自身流动性需求向平台提出终止相关服务的申请，系统将停止为其匹配新项目或债权，其冻结在存管银行账户暂未投资的资金将不再进行项目投资。若服务到期时，尚存在未结清的项目，则系统将在出借人的授权下对出借人持有的项目或债权发起债权转让，并以口头、系统短信或其他书面方式通知相关项目债务人。

出借人持有债权全部转让成功后，平台资金清算系统将根据系统记录的现金流情况，对用户加入服务的资金在相应时间内持有债权的具体情况、资金空置情况等进行计算，生成用户实际应收本息的具体数据，并对投资人收益进行清分，完成服务。

4.5 案例五：安硕信息公司

4.5.1 大数据业务整体情况

4.5.1.1 业务发展历程

安硕信息公司自开发大数据业务以来，发展迅速。2014 年以前，该公司处于业务初创期，成立了大数据部门，主要负责大数据风险产品的咨询与交付，拥有大数据相关银行类客户 7 家，开发了第一代大数据风险预警产品，并完善了其基础平台。2016 年，该公司进入模式升级期，服务银行类客户突破 50 家，其中云服务模式超过 15 家，大数据风控智能产品体系进一步完善，并成立安硕大数据事业群（含征信公司）。2017 年后，公司开始从快速发展期逐步转变为盈利表现期，累计服务客户超过 100 家，其中领域知识库服务—云服务银行客户 30 家，覆盖超过 35 万授信主体；核心能力不断升级投入，服务模式也不断发展，智能基础平台日趋完善，盈利能力凸显（见图 4-7）。

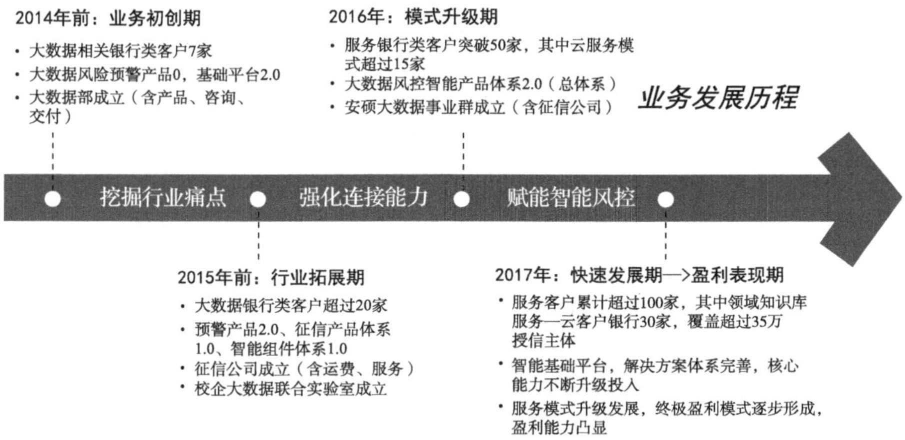

图 4-7 安硕信息公司业务发展历程

4.5.1.2 金融大数据风控智能产品体系

该公司的不断发展得益于金融大数据风控智能产品体系的不断完善。自公司开发大数据业务以来，在业务咨询、大数据、人工智能、云/雾计算、场景落地等方面不断投入，核心能力日益增强。同时，公司不断拓宽业务范围，优化服务方案，扩大服务客群，拓宽应用场景，使公司智能风控产品日益完善，盈利模式逐渐形成（见图 4-8）。

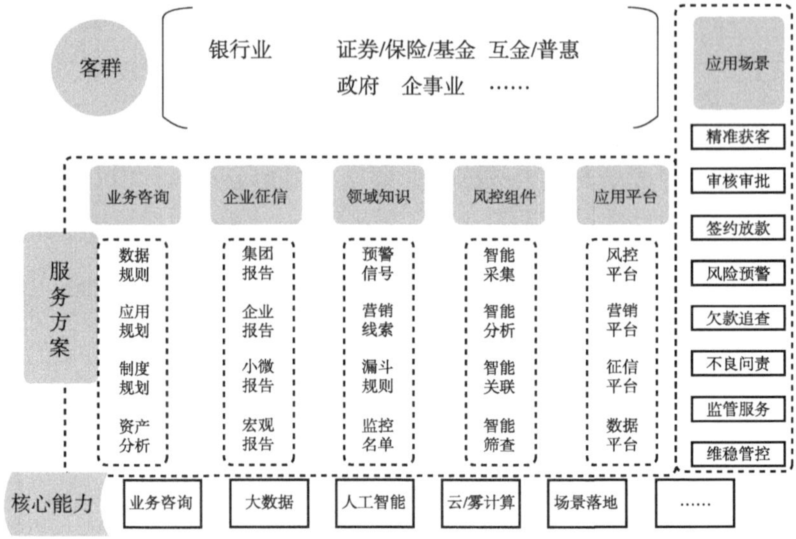

图 4-8　金融大数据风控智能产品体系

4.5.1.3　大数据团队架构

大数据团队整体架构如图 4-9 所示。

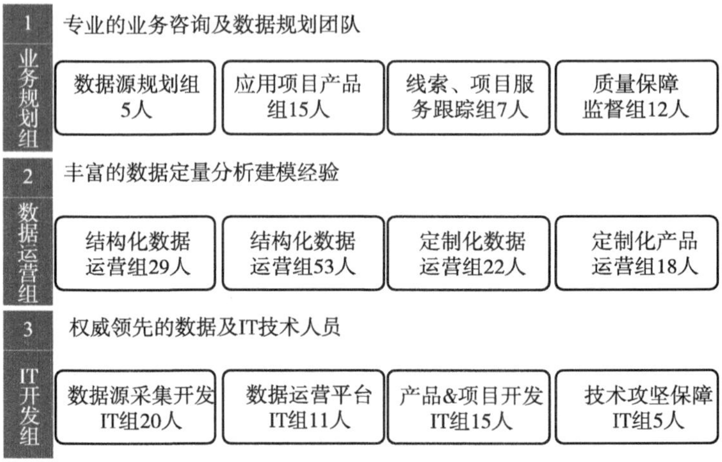

图 4-9　大数据团队整体架构

安硕信息公司的客户包括了中国银行、招商银行和中信银行等大型股份制商业银行，厦门银行、上海银行等城市商业银行，深圳农村商业银行等村镇银行，还包括小贷公司、互联网金融公司、券商、信托和融资租赁公司等等。表 4-4 是它的部分客户群。

表 4-4 数据服务客群（部分）

客户名称	服务内容	客户名称	服务内容
中国银行	·上海分行大数据风险预警咨询/实施项目 ·外部风险信息服务项目 ·江苏省分行大数据风险预警咨询项目 ·外部风险信息服务项目	中国光大银行	·大数据风险预警咨询/实施项目一期 ·大数据风险预警咨询/实施项目二期 大数据风险预警咨询/实施项目三期
浦发银行	·统一押品管理系统服务项目 ·押品缓释信息服务项目	中信银行	·大数据风险预警系统总体及一期设计咨询项目
中国信达	·客户大数据风险预警咨询/实施项目 ·外部风险信息服务项目	中国民生银行	·具有前瞻性大数据风险预警系统咨询服务项目
江苏银行	·客户大数据风险预警咨询/实施项目 ·外部风险信息服务项目	重庆银行	·客户大数据风险预警咨询/实施项目 ·外部风险信息服务项目
湖北省农村信用社（农商银行）	·授信全生命周期大数据风控项目 ·外部信息服务项目 ·企业信用报告服务项目	中原银行	·授信全生命周期大数据风控项目 ·外部风险信息服务项目 ·企业信用报告服务项目
其他典型客户	江苏省农村信用社联合社、汉口银行、徽商银行、甘肃银行、东莞农村商业银行、贵阳银行、苏州银行、温州银行、齐商银行、浙江省赣州商业银行		

4.5.2 核心产品应用情况

4.5.2.1 现阶段海量底层核心数据

目前，公司存有海量核心数据。在数据的合规性方面，2017 年颁布两项大数据应用合规性方面的法规条例要求对全量数据敏感信息进行加密存储；（谁）严格审查各项涉及入库数据合法、合规性；引入高质量数据供应商，综合内外部数据，确保客户服务的稳定性。在数据的存储方面，对积累的数据进行横向关联和标签化存储；在数据的应用方面，在诉讼、舆情数据层面，引入和更换了更高质量数据厂商，数据覆盖率和服务稳定性同时得到较大提升；考虑市场数据服务同质化现象，对存量信用主体进行分池管理，构建差异化信息维度，满足不同场景需求；基于当前各类存量数据，进行深度挖掘扩展“数据中的数据”，如企业客户画像标签类数据。同时，公司开发了智能信息采集引擎、智能风险漏斗模型、智能风险关联图谱、智能贷后预警、智能实时报告/运营报告、智能大数据应用评价报告等 6 大核心大数据应用场景，根植于授信全周期场景。

表 4-5　数据存量

数据种类	2017 年增幅	2017 年数据总量
情数据	175%	>1 亿
司法数据	24%	>1 亿
税务数据	47%	>1500 万
环保数据	112%	近 100 万
发债数据	16%	近 2 万户
企业被执行人数据	10%	近 700 万
个人被执行人数据	27%	近 1500 万
企业失信数据	44%	近 200 万
个人失信数据	17%	近 1000 万
企业风险关注名单数据	30%	>2000 万
董高监风险关注名单	17%	近 2000 万
企业客户画像标签	新产品	近 300 万

4.5.2.2　核心服务产品

（1）智能实时报告/运营报告

①基础信用报告—实时版 V2S：基于智能化加工技术，快速、高效生成外部报告，第一时间响应客户需求。

②基础信用报告—专家版 V2：通过“机器处理+人工运营”的混合处理模式生成报告，深层发掘客户风险。

③综合信用报告 V3S：基于人行征信数据引入大量外部信用信息，对客户信用风险进行最为翔实的展示。

④非法集资类挖掘报告 V4：集互联网非法集资线索甄别、互联网金融行业风控监测与预警于一体的报告。

（2）智能风险漏斗模型

在传统审批漏斗模型的基础上引入外部大数据，充分融合专家经验以及内外部数据建设而成的新一代专家审批漏斗模型。在授信审批过程中，从大量的授信申请客户中逐步筛选出符合我行授信条件及较低风险客户。

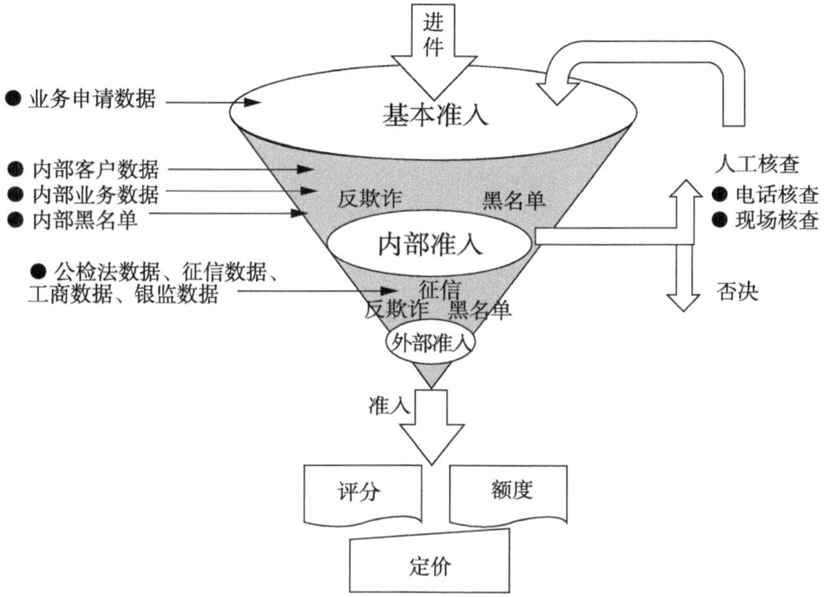

图 4-10 智能风险漏斗模型

4.5.2.3 典型客户使用情况

表 4-6 典型客户使用情况

客户名称	数据接入	核心产品应用	服务成效
ZY	企业工商数据、企业舆情数据、行政处罚数据、关联人工商	智能信息采集引擎、智能风险漏斗模型、智能风险关联图谱、智能实时报告/运营报告	报告生成数量 20000+、报告覆盖率 96%、信号触发数 80000+、企业触发数 3000+
HBNX	企业级数据、企业关联人数据	智能信息采集引擎、风险预警实施、智能风险关联图谱、智能信用报告	主要拦截内容有：人行征信不良记录 7115 次，风险客户名单 2787 次，诉讼 1024 次，被执行人 556 次，工商信息变更 49 次，负面舆情预警 46 次
重庆银行	企业级数据、企业关联人数据	智能信息采集引擎、风险预警实施、智能风险关联图谱	监控企业客户 1018 个，个人客户 5471 个；触发企业预警信号 101 个，个人预警信号 7 个；涉及财务风险、公司治理、账户风险、缓释风险、信用风险、经营管理、区域风险 7 个一级主题，其中 78%的信号由舆情数据触发

参考文献

［1］徐慧中．我国智能投顾的监管难点及对策［J］．金融发展研究，2016（7）：86-88.

［2］邹蕾，张先锋．人工智能及其发展应用［J］．信息网络安全，2012（2）：11-13.

［3］李开复．人工智能对人类真正的威胁是什么［J］．中国报业，2016（7）：90-91.

［4］蔡自兴．人工智能及其应用：研究生用书［M］．北京：清华大学出版社，2004.

［5］鲍捷．智能金融的核心引擎：一览与前瞻［J］．软件和集成电路，2017（4）：25-29.

［6］房汉廷．关于科技金融理论、实践与政策的思考［J］．中国科技论坛，2010（11）：5-10.

［7］万建华．科技变革金融的历史必然［J］．清华金融评论，2016（10）：18-20.

［8］巴曙松．中国金融科技发展的现状与趋势［N］．21 世纪经济报道，2017-01-20（004）.

［9］赵鹞．Fintech 的特征、兴起、功能及风险研究［J］．金融监管研究，2016（9）：57-70.

［10］零壹财经，口袋理财．《2016 年全球金融科技投融资与指数报告》，http：//www. 360doc. com/content/17/0123/09/39374845_ 624290034. shtml，

2017-07-24.

［11］朱永康．2016 年度全球金融科技百强出炉［N］．中华工商时报，2016-11-11（007）．

［12］秦锐．智能投顾，科技金融领域的一匹黑马［J］．科技智囊，2016（12）：70-75.

［13］2016 美国 SaaS 行业大揭秘．http：//www. 360doc. com/content/16/0829/09/13744753_ 586696196. shtml，2017-07-24.

［14］智研咨询．2017—2022 年中国移动客服（手机切客服务）市场研究及发展趋势研究报告．http：//www. chyxx. com/research/201612/475293. html，2017-07-24.

［15］搜狐新闻网．8 种电子货币：除了比特币，你还该知道这些［EB/OL］．www. sohu. com/a/150438882_ 468253，2017-06-20/2018-2-12.

［16］人工智能发展前景及金融行业应用．http：//www. sohu. com/a/156242916_ 672569，2018-02-14.

［17］中国信通院韩涵预测金融科技七大未来发展趋势．http：//www. chinanews. com/fortune/2018/02-06/8442465. shtml，2018-02-14.

［18］金融科技发展迅猛生态格局因之改变．http：//www. weiyangx. com/208273. html，2017-07-24.

［19］张家林．证券投资人工智能［M］．北京：中国经济出版社，2017：83-84.

［20］杨涛．人工智能在金融领域应用的初步思考［J］．国际金融，2016（12）：24-27.

［21］戴星．人工智能在金融风控领域的应用［J］．中国商论，2017（5）：19-22.

［22］童文俊．金融业反洗钱客户身份识别制度的主要原则与关键环节［J］．金融改革，2011（10）：29-32.

［23］商道．Facewin 脸赢 App 获客新模式探索：人工智能与场景创新

[EB/OL]. https://www.3-dao.com.cn/News_ _1073603/, 2016-11-10/2018-03-22.

[24] 中国证券监督管理委员会. 赵立新：用金融科技提升监管效能 [EB/OL]. https://www.csrc.gov.cn/shanghai/xxfw/scyw/201706/t20170607_317971.htm, 2017-06-06/2018-03-22.

[25] 百度文库. 金融云优势 [EB/OL]. https://wenku.baidu.com/view/e291dc25fd0a79563c1e72f5.html, 2015-10-26/2018-03-22.

[26] 赵刚. 区块链——价值互联网的基石 [M]. 北京：电子工业出版社, 2016：14-16.

[27] Markowitz H. M. Foundations of Portfolio Theory [J]. Journal of Finance, 1991, 46 (2): 469-477.

[28] 李善民, 徐沛. Markowitz 投资组合理论模型应用研究 [J]. 经济科学, 2000 (1): 42-51.

[29] 戴金平, 李治. 现代资产定价理论的比较和发展 [J]. 世界经济, 2003 (8): 68-74+80.

[30] Fama E. F. The Behavior of Stock-Market Prices [J]. Journal of Business, 1965, 38 (1): 34-105.

[31] Roll R., Ross S. A. An Empirical Investigation of the Arbitrage Pricing Theory [J]. Journal of Finance, 1980, 35 (5): 1073-1103.

[32] 宋逢明. 金融工程原理——无套利均衡 [M]. 北京：清华大学出版社, 1999.

[33] 李少付, 海小辉. 资本资产定价模型与风险中性定价理论的比较 [J]. 云南财经大学学报, 2006 (6): 108-110.

[34] Fischer Black, Myron Scholes. The Pricing of Options and Corporate Liabilities [J]. Journal of Political Economy, 1973, (3): 637-654.

[35] Daniel Kahneman, Amos Tversky. Prospect Theory: An Analysis of Decision under Risk [J]. Econometrica, 1979, 47 (2): 263-291.

［36］何清，李宁，罗文娟等．大数据下的机器学习算法综述［C］．中国计算机学会人工智能会议．2013.

［37］林命彬．智能机器的哲学思考［D］．吉林大学，2017.

［38］罗勇，向奕雪．计算机人工智能技术研究进展和应用分析［J］．电子制作，2014（18）：47.

［39］顾荣．大数据处理技术与系统研究［D］．南京大学，2016.

［40］陈健，冀超军．大数据的应用及其发展趋势［J］．山西科技，2014（2）：95–96.

［41］张家林．证券投资人工智能［M］．北京：中国经济出版社，2017：182.

［42］中国云计算．云计算的概念和内涵［J/OL］．http：//www. chinacloud. cn/show. aspx？ id = 14668&cid = 17，2014–02–24/2018–2–12.

［43］搜狐新闻网．什么是区块链区块链的主要特征［EB/OL］．http：//www. sohu. com/a/76191084_ 359062，2014–05–19/2018–2–12.

［44］赵刚．区块链——价值互联网的基石［M］．北京：电子工业出版社，2016：113–140.

［45］杜莹芬．企业风险管理——理论·实务·案例［M］．北京：经济管理出版社，2008：1–5.

［46］刘新立．风险管理［M］．北京：北京大学出版社，2006：35–40.

［47］刘新立．风险管理［M］．北京：北京大学出版社，2006：56–66.

［48］王毅，郭永强．政府资产负债表：国际标准与实践［M］．北京：中国金融出版社，2015.

［49］陈梦根，尹德才．政府债务统计国际比较研究［J］．统计研究，2015，（11）：79–87.

［50］汤林闽．中国政府资产负债表：理论框架与现实选择［J］．金融评论，2014，（1）：94–109+126.

［51］财政部．政府会计准则——基本准则（2015 年财政部 78 号令）

[Z].

[52] 黎旭东. 政府的自然属性和经济属性 [J]. 财政研究，1998，(1)：13-18.

[53] 殷士浩，刘小兵. 政府资产风险：地方财政风险分析的一个新视角 [J]. 财贸研究，2004，(4)：76-82.

[54] 高培勇，杨志勇，汤林闽. 中国政府资产负债表：构建及估算 [J]. 经济研究参考，2014，(22)：71-103.

[55] 张宏婧，韩乔琳. 政府资产的分类及会计计量问题研究 [J]. 会计之友，2016，(20)：92-95.

[56] 张媛. 政府资产计价问题研究 [D]. 湖南大学，2006.

[57] 李扬等. 中国国家资产负债表2013——理论、方法与风险评估 [M]. 北京：中国社会科学出版社，2013.

[58] 缪慧星. 政府资产负债表、债务风险与风险控制 [J]. 生产力研究，2015，(12)：153-156.

[59] 吴建军. 个人理财中稳健投资者的资产管理问题研究 [D]. 合肥工业大学，2007.

[60] 蒋文文. 基于客户角度的商业银行个人理财业务风险管理研究 [D]. 上海交通大学，2009.

[61] 邓可斌. 中国个人投资者风险偏好与资产选择研究 [D]. 暨南大学，2006.

[62] 易军. 商业银行个人理财业务风险研究 [D]. 西南财经大学，2007.

[63] 唐翰岫，李湛. 试论企业金融资产与金融资产风险管理 [J]. 当代经济科学，1999：38-43.

[64] 王晓玲. 基于风险管理的企业资产内部控制 [J]. 经济研究，2014：14.

[65] 杜莹芬. 企业风险管理——理论·实务·案例 [M]. 北京：经

济管理出版社，2008：188-192.

［66］杜莹芬．企业风险管理——理论·实务·案例［M］．北京：经济管理出版社，2008：192-194.

［67］中国大数据．大数据分析你不能不懂的 6 个核心技术理论［EB/OL］．http：//www. thebigdata. cn/ShuJuFenXi/32829. html，2017 - 04 - 06/2018-2-12.

［68］搜狐新闻网．大数据时代全面风险管理［EB/OL］．http：//www. sohu. com/a/148137247_ 475901，2017-07-12/2018-2-12.

［69］博客．决策树学习［EB/OL］．http：//www. cnblogs. com/bourneli/archive-/2013/03/15/2961568. html，2013-03-15/2018-03-22.

［70］MBA 智库百科．聚类分析［EB/OL］．http：//wiki. mbalib. com/wiki/聚类分析，2015-09-25/2018-03-22.

［71］马德仲．基于贝叶斯网络和多源信息构建可靠性分析模型方法研究［D］．哈尔滨理工大学，2015.

［72］李映坤．大数据背景下用户画像的统计方法实践研究［D］．首都经济贸易大学，2016.

［73］董莉莉．剖析大数据时代下用户画像及媒介策略［J］．传媒，2016（2）：82-83.

［74］翟立宏．个人金融产品的特性：不同角度的考察及启示［J］．经济问题，2005（1）：72-74.

［75］吴承铭．论我国金融产品集成与供给改进［J］．中国农业银行武汉培训学院学报，2005，（1）：13-17.

［76］殷孟波．金融产品的个人需求及市场细分［J］．财经科学，2004（S1）：4-8.

［77］翟立宏．个人金融产品的特性：不同角度的考察及启示［J］．经济问题，2005（1）：72-74.

［78］张宁．试论金融产品的质量［J］．中国质量，1999（6）：33-34+46.

[79] 腾讯科技．独家专访 Bondit 创始人：以色列智能投顾平台怎么玩 [EB/OL]. http://www.myzaker.com/article/584150641bc8e0c53b000002/, 2016-12-02/2018-03-22.

[80] 许超．我国科技金融发展与国际经验借鉴——以日本、德国、以色列为例 [J]. 国际金融，2017：75-80.

[81] 李俊霞．科技与金融合作的国际比较与启示 [J]. 宏观经济管理，2013：86-87.

[82] 百度知道．互联网金融公司 Wealthfront 分析 [EB/OL]. https://wenku.baidu.com/view/596d413f0242a8956aece402.html，2016-05-03/2018-03-22.

[83] 全球智能投顾平台的标杆：Wealthfront 业务模式全解析．http://www.sohu.com/a/67645523_119040. 2017-07-24.

[84] Wealthfront 官网．https://www.wealthfront.com/browserupgra-de，2017-07-24.

[85] 李子川．智能投顾，平台角力 [J]. 金融博览（财富），2017 (8)：41-44.

[86] 搜狐新闻网．阿里巴巴成功秘诀，马云带头，武侠风"花名"文化塑造铁军 [EB/OL]. http://www.sohu.com/a/201397556_99923442，2017-10-31/2018-03-22.

[87] 由曦．蚂蚁金服——科技金融独角兽的崛起 [M]. 北京：中信出版社，2017：142-263.

[88] 民贷天下．公司介绍 [EB/OL]. http://www.mindai.com/my-company.-html，2018-03-25.

[89] 民贷天下．网络信息保障 [EB/OL]. http://www.mindai.com/an-bao，2018-03-25.

[90] 新浪财经．"5 个秘诀"揭秘民贷天下稳健高速发展的两年 [EB/OL]. http://-finance.sina.com.cn/roll/2016-12-31/docifxzcvfp-5492819.shtml? qq-pf-to=pcqq.-c2c，2016-12-31/2018-04-01.

词汇表

1. 人工智能（Artificial Intelligence，缩写为AI）：是研究、开发用于模拟、延伸和扩展人的智能的理论、方法、技术及应用系统的一门新的技术科学，主要包括计算机实现智能的原理、制造类似于人脑智能的计算机，使计算机能实现更高层次的应用。

2. 另类投资类金融产品（Alternative Investment Financial Products）：传统的股票、债券和现金之外的金融和实物资产，如房地产、艺术品和酒类等有形资产和证券化资产、对冲基金、私人股本基金、大宗商品等另类非传统金融资产。

3. 飞天（Apsara）：由阿里云自主研发、服务全球的超大规模通用计算操作系统。它可以将遍布全球的百万级服务器连成一台超级计算机，以在线公共服务的方式为社会提供计算能力。飞天希望解决人类计算的规模、效率和安全问题。飞天的革命性在于将云计算的三个方向整合起来：提供足够强大的计算能力，提供通用的计算能力，提供普惠的计算能力。

4. 大数据（Big Data）：无法在一定时间范围内用常规软件工具进行捕捉、管理和处理的数据集合，是需要新处理模式才能具有更强的决策力、洞察发现力和流程优化能力的海量、高增长率和多样化的信息资产。

5. 区块链（Blockchain）：分布式数据存储、点对点传输、共识机制、加密算法等计算机技术的新型应用模式。所谓共识机制是区块链系统中实现不同节点之间建立信任、获取权益的数学算法。

6. 比特币（Bitcoin）：一种P2P形式的数字货币，与大多数货币不同，比特币不依靠特定货币机构发行，它依据特定算法，通过大量的计算产生，比特币经济使用整个 P2P 网络中众多节点构成的分布式数据库来确认并记录所有的交易行为，并使用密码学的设计来确保货币流通各个环节安全性。

7. 客户关系管理系统（Customer Relationship Management System，CRMs）：是以客户数据的管理为核心，利用现代信息技术、网络技术、电子商务、智能管理、系统集成等多种技术，记录企业在市场营销与销售过程中和客户发生的各种交互行为，以及各类有关活动的状态，提供各类数据模型，从而建立一个客户信息的收集、管理、分析、利用的系统，帮助企业实现以客户为中心的管理模式。

8. 信用（Credit）：是以偿还为条件的价值运动，多产生于融资行为和商品交易的赊销或预付之中，如银行信用、商业信用等。

9. 信用价差（Credit Spread，Cs）：指为了补偿违约风险，投资者要求企业信用债务提供的高于到期日相同的无风险收益的额外补偿。

10. 信用风险（Credit Risk）：指债务人或交易对手未能履行合同所规定的义务或信用质量发生变化，影响金融产品价值，从而给债权人或金融产品持有人造成经济损失的风险。

11. 资本资产定价模型（Capital Asset Pricing Model，CAPM）：基于马科维茨投资组合理论基础，由威廉·夏普、约翰·林特纳和简·莫辛分别独立提出的。该模型主要研究证券市场中风险资产的预期收益率与风险之间的数量关系，以及均衡价格是如何形成的，即为了补偿某一特定程度的风险，投资者应该获得多少的报酬率。

12. 云计算（Cloud Computing）：基于互联网的相关服务的增加、使用和交付模式，通常涉及通过互联网来提供动态易扩展，且经常是虚拟化的资源，是一种按使用量付费的模式，这种模式提供可用的、便捷的、按需的网络访问，进入可配置的计算资源共享池（资源包括网络、服务器、存储、应用软件、服务），这些资源能够被快速提供，只需投入很少的管理工作，或与服务供应商进行很少的交互。

13. 违约概率（Default Probability）：指合约当事人在未来一定时期内发生违约的可能性。它包括两个层面：一是单一借款人的违约概率；二是某一信用评级所有借款人的违约概率。

14. 数据挖掘（Data Mining）：一般是指从大量的数据中通过算法搜索隐藏于其中信息的过程。

15. 违约风险暴露（Default at Exposure，Ead）：指债务人违约时预期表内表外项目的信用风险暴露总和。

16. 以太坊（Ethereum）：是一款能够在区块链上实现智能合约、开源的底层系统，是一个平台和一种编程语言，使开发人员能够建立和发布下一代分布式应用。以太坊可以用来编程、分散、担保和交易任何事物：投票、域名、金融交易所、众筹、公司管理、合同和大部分的协议、知识产权，还有得益于硬件集成的智能资产。

17. 交易所交易基金（Exchange-Traded Funds，ETFs）：指的是可以在交易所交易的基金。交易所交易基金从法律结构上说仍然属于开放式基金，但它主要是在二级市场上以竞价方式交易；并且通常不准许现金申购及赎回，而是以一篮子股票来创设和赎回基金单位。对一般投资者而言，交易所交易基金主要还是在二级市场上进行买卖。

18. 有效市场理论（Efficient Markets Hypothesis，EMH）：尤金·法玛于1965年提出并完善。该理论涉及两个关键问题：信息的变化和信息的种类如何影响价格的变动，并且将市场分为弱式有效市场、半强式有效市场和强式有效市场三种类型。

19. 金融科技（Fintech）：广义的金融科技是指技术创新在金融业务领域的应用。狭义是指非金融机构基于大数据、云计算、人工智能、区块链等一系列技术创新，全面应用于支付清算、借贷融资、财富管理、零售银行、保险、交易结算等金融领域的技术重塑传统金融产品、服务与机构组织的创新金融活动。

20. 金融脱媒（Financial Disintermediation）：又称“金融去中心化”，传统意义上指在金融管制的情况下，资金供给绕开商业银行体系，直接输送给需求方和融资者，完成资金的体外循环。

21. 金融资产（Financial Assets）：企业在适应其内外环境并谋求发展的过程中，出售或购买各种金融工具而获得的金融收益索取权。

22. 金融风险（Financial Risk）：是指在资金的融通和货币资金等的金融资产经营过程中，由于各种事先无法预料的不确定因素带来的影响，使金融资产经营者（即企业）的实际收益与预期收益发生一定的偏差，从而有蒙受损失或获得额外收益的机会或可能性。

23. 金融资产风险管理（Financial Asset Risk Management）：是指各个企业在筹集和经营资金的过程中，对金融风险进行预测、识别、衡量和分析，并在此基础上制订相应的对策方案，以有效地防范、控制与处置金融风险，用最低的成本即最经济合理的方法来实现最大安全保障的科学方法。

24. 金融云（Financial Cloud）：利用云计算的一些运算和服务优势，将金融业的数据、客户、流程、服务及价值通过数据中心、客户端等技术手段分散到“云”中，以改善系统体验，提升运算能力、重组数据价值，为客户提供更高水平的金融服务，并同时达到降低运行成本的目的。

25. 金融产品（Financial Products）：资金融通过程的各种载体，是各种具有经济价值的可进行公开交易或兑现的金融资产，是金融市场的买卖对象，供求双方通过市场竞争原则形成金融产品价格，如利率或收益率，最终完成交易，达到融通资金的目的，包括货币现金、存款、黄金、外汇、股票、期货、期权、债券、保险保单、汇票、基金和各种理财产品等。

26. 金融产品集成（Financial Product Integration）：按照市场需求的内在因果关系将金融产品功能的逻辑叠加，可以分为三个层次：单一产品集成化、同类产品集成化和产品体系集成化，最终满足不同层次的对象对金融产品的多元化需求。

27. 货币市场类金融产品（Financial Products in Money Market）：金融主体发行的短期信用金融工具，具有期限短、流动性强和风险相对较小的特点，投资期限一般在一年以内。

28. 固定收益类金融产品（Fixed Income Financial Products）：投资于银行定期存款、协议存款、国债、金融债、企业债、可转换债券、债券型基金等固定收益类资产，具有收益不高但相对比较稳定，风险也相对较小的特点。

29. 权利收益类金融产品（Financial Products of Right Income）：投资于股票、股票型基金等权益类资产，也包括部分非固定收益，或风险级别接近的非股权类理财产品，具有高收益高风险且收益波动大的特点。

30. 金融资产（Financial Assets）：可供政府用于清偿负债、履行承诺或举办活动提供资金的资产，可分为金融债权、货币黄金及国际货币基金组织分配的特别提款权。其中，金融债权通过融出资金为债权人提供利益，属于资产，金融债权可细分为现金、存款、非股票证券、贷款、股票和其他权益、保险技术准备金、金融衍生工具和其他应收账款。

31. 政府部门（Government Sector）：政府部门有狭义和广义之分。狭义政府有两种划分方法，一是划分为中央政府、省级政府和地方政府，这些政府通常包括其所负责的社会保障基金；二是将社会保障基金单列，划分为四级：中央政府、省级政府、地方政府和社会保障基金。广义政府部门包括所有的狭义政府部门和所有政府控制并主要由政府提供融资的非市场非营利机构（NPI）。

32. 智能风控（Intelligent Risk Control）：即智能风险控制，是指利用人工智能、大数据等相关技术进行风险控制和风险提示。

33. 智能身份识别（Intelligent Identification）：指以人工智能为内核，通过活体识别、图像识别、声纹识别、ocr 识别等技术手段，对用户身份进行验真，大幅降低核验成本的同时，也大大提高了核验的准确性。

34. 智能资产配置（Intelligent Asset Allocation）：又称智能投顾，指借助移动互联网和云计算技术，向所有用户提供智能投资管理服务。

35. 智能调仓（Intelligent Location）：指通过持续的数据更新，实时跟踪投资者现有组合与最优组合之间的偏差。

36. 互联网金融（ITFIN）：传统金融机构与互联网企业基于大数据、云计算等互联网平台将互联网技术和金融功能有机结合，实现资金融通、支付、投资和信息中介服务的新型金融业务模式。

37. 跨市场交易系统（Intermarket Trading System，ITS）：广义的跨市场交易包括跨境交易，而狭义的跨市场交易是指投资者在境内不同资本市场上进行的交易，比如证券交易所市场的投资者在银行间市场或柜台市场上进行交易，或现货市场投资者在期货市场上进行交易。

38. 违约损失率（Loss Given Default，LGD）：指交易对手的违约损失金额占违约风险暴露的比例。

39. 流动性风险（Liquidity Risk）：指商业银行虽然有清偿能力，但无法及时获得充足资金或无法以合理成本及时获得充足资金以应对资产增长或支付到期债务的风险。

40. 市场风险（Market Risk）：是指由于市场供求和价格因素（如利率、汇率、证券价格、商品价格、衍生品价格）发生不利变动而使公司的表内和表外业务或公司价值发生损失的风险。

41. 马尔可夫模型（Markov Model）：是一种统计模型，广泛应用在语音识别、词性自动标注、音字转换、概率文法等各个自然语言处理等应用领域。经过长期发展，尤其是在语音识别中的成功应用，使它成为一种通用的统计工具。

42. 现代资产组合理论（Modern Portfolio Theory，MPT）：也称为现代证券投资组合理论、投资组合理论、证券组合理论或投资分散理论。现代资产组合理论有狭义和广义之分：狭义的现代资产组合理论指的是马科维茨的投资组合理论；而广义的现代资产组合理论除了经典的投资组合理论以及该理论的扩展理论外，还包括由资本资产定价模型和证券市场的有效市场理论构成的资本市场理论。

43. 美卡币（MegaCoin）：简称 MEC，是一个在比特币基础上进行二次开发而成的电子货币。发布于 2013 年 5 月并且流行。

44. 非金融资产（Non-financial Assets）：除金融资产以外的所有经济资产，不代表对其他单位的债权，是一种价值储存手段。多数非金融资产通过商品和服务生产过程中对其的使用或以财产收入的形式提供利益，可以进一步分为实物资产和无形资产。

45. 无套利定价原理（Non-Arbitrage Pricing Principle）：该原理基本思想是金融产品在市场上的合理价格就是使得市场不存在无风险套利机会的价格。若存在初始净投资为零且收益为正的某种证券组合，所有投资者都会投资该组合，该组合价格下降直到均衡状态下收益降为零，交易不再进行，即有效市场上，不存在无风险套利机会。

46. 期权定价理论（Option Pricing Theory，OPT）：也称 Black-Scholes 期权定价理论、B-S 定价理论，由 Fischer Black 和 Myron Scholes 于 1973 年共同提出，利用随机微分方程刻画了动态调整组合头寸保持无套利均衡的规律，适用于其价格取决于标的证券价格 S 的所有衍生证券的定价。

47. 公共部门（Public Sector）：包括广义政府部门和政府控制的公司，其中政府控制的公司又称为公营公司或公共公司，主要从事商业活动。

48. 投资组合理论（Portfolio Theory）：由马科维茨（Markowits）于 1952 年首次提出和创立，是指由若干种证券组成的投资组合，其收益是这些证券收益的加权平均数，但是其风险不是这些证券风险的加权平均风险，投资组合能降低非系统性风险，该理论的重要内容是均值-方差分析方法和投资组合有效边界模型。

49. 风险中性理论（Risk Neutral Pricing Theory）：该理论的原理是利用风险中性假设的分析方法进行金融产品的定价，即在对衍生证券定价时，假设所有的投资者都是风险中性的，投资过程与投资者的风险偏好无关。此时，所有证券的预期收益率都相同且等于无风险利率 r，所有的现金流量都可以通过无风险利率 r 进行贴现求得现值。

50. 风险（Risk）：指客观存在的，在特定情况下、特定期间内，某一时间导致的最终损失的不确定性。

51. 风险管理（Risk Management）：是一种用以对某一组织所面临的风险进行评价和处理的全面的管理职能。

52. 风险成本（Risk Cost）：由于风险而造成的个人、企业、政府价值或财富的减少。

53. 风险清单（Risk List）：指一些由专业人员设计好的标准表格和问卷，上面非常全面地列出了一个组织可能面临的风险。

54. 风险矩阵（Risk Matrix）：用行表示风险的可能性，用列表示风险的影响，用二维度量指标描述每一种风险的矩阵，这个风险矩阵提供了所有风险的可能性、影响及其变化区间的信息。

55. 智能投顾（Robo-Advisor）：根据个人投资者提供的风险承受水平、收益目标以及风格偏好等要求，运用一系列智能算法及投资组合优化等理论模型，为用户提供最终的投资参考，并对市场的动态对资产配置再平衡提供建议。

56. 单只股票分散投资服务（Single-Stock Diversification Service）：将单只股票逐步以无佣金、低税的方式卖出，并且分散投资到多种类型的 ETF 中。

57. 智能客服（Smart Customer Service）：指利用语音识别技术、自然语言处理技术、大规模知识处理技术、自动问答技术等人工智能相关技术进行客户服务。

58. 智能获客（Smart Access Customers）：通过智能技术手段获取客户。

59. 半强式有效市场理论（Semi-Strong Form Efficiency）：证券价格不仅能够体现历史的价格信息，而且反映了所有与公司证券有关的公开有效信息，如公司收益、股息红利、对公司的预期、股票分拆、公司间的购并活动等。在半强式有效市场中，利用技术分析和基本分析都失去作用，内幕消息可能获得超额利润。

60. 强式有效市场理论（Strong Form Efficiency）：有关证券的所有相关信息，包括公开发布的信息和内部信息对证券价格变动都没有任何影响，即如果证券价格已经充分、及时地反映了所有有关的公开和内部信息，则证券市场就达到了强有效市场。在强式有效市场中，除非存在市场操作，否则没有任何方法能帮助投资者获得超额利润，即使基金和有内幕消息者也一样。

61. 税收损失收割（Tax-loss Harvesting）：将当期亏损的证券卖出，用已经确认的损失来抵扣所获投资收益的应交税款（主要是资本利得税），投资者可以将这些节省的税款再投资，从而使得投资者税后收入最大化。

62. 税收优化直接指数化（Tax-Optimized Direct Indexing）：强化版的税收损失收割，不是购买单只股票相关的 ETF，而是购买多只股票相关的 ETF，并且用户不需要承担额外的佣金。

63. 效用函数（Utility Function）：通常是用来表示消费者在消费中所获得的效用与所消费的商品组合之间数量关系的函数，以衡量消费者从消费既定的商品组合中所获得满足的程度。

64. 弱式有效市场理论（Weak Form Efficiency）：证券价格能够充分反映价格历史序列中包含的所有信息，如有关证券的价格、交易量、融资金额等。在弱式有效市场中，股票价格的技术分析失去作用，基本分析还可能帮助投资者获得超额利润。

65. 收益率曲线（Yield Curve）：是指在由横轴为各到期期限、纵轴为对应的收益率坐标中，把期限不同但具有相同风险、流动性和税收的收益率连接而成的曲线，用以描述收益率与到期期限之间的关系。

致 谢

《智能金融》一书从构思、资料搜集、撰写、修改，几易其稿，至今已三年有余。这期间金融科技的应用及研究都发生了不小的变化。在本书最初构想阶段给予了巨大帮助的徐爽博士在书稿后续的撰写和修改中，继续提出了许多宝贵的建议，本书的形成离不开徐爽博士的独到见解和热心指导。

我们要感谢北大凤凰智能金融实验室的老师和同学们，特别是刘俏老师、张峥老师、杨云红老师和王亚平老师，他们在研究方向定位、研究思路把关、技术模型处理乃至应用的潜在领域都给予了细致的指导。要感谢周昊、王锋、于丽峰、郭臻、霍党泽、张权、王虹和于嘉文，他们为本书的内容做出了很多直接或间接的贡献。

写书是一件挑战耐心的工作，我也曾几次拖延，但是考虑到这是一个激动人心的领域，就绝不放弃，勇敢地坚持下来。感谢中国经济出版社的崔姜薇社长和责任编辑张博先生，是他们的鼓励以及耐心细致的指导和校对，使这份书稿日臻完善。

写书是一件漫长的、耗时耗力的工作，这对我和刘军都是很大的挑战。最初帮助搜集资料的赵愫情同学已经由崭新的研一学生变成了硕士毕业生，走上工作岗位，杨瑶和郭红霞两位同学也分别成为厦门大学和北京科技大学的博士研究生，感谢她们辛勤的助研工作。在本书最后一版的修改过程中，北京科技大学东凌经济管理学院金融系的何芳霖同学帮助作图，减轻了我很多负担。

虽有波折和困难，我们最终还是携手走过来了，我和刘军向朋友们表示感谢！

当前，中国金融市场正在发生着天翻地覆的变化，就在本书写作的过程中，在金融科技的话语体系内，区块链、智能风控、用户画像等新的技术在金融领域的应用日益广泛深入，一些大型商业银行开始设立自己的金融科技子公司，智能金融正在重塑整个金融业的生产力和生产关系。能够参与到这一伟大的历史进程，我们感到非常荣幸。

虽然只是管中窥豹，但本书的出版代表了一个观察者、一个从业者和一个研究团队对这一领域的敬意和崇敬，也代表了一份微不足道但却真诚的探索和努力。海纳百川，有容乃大。愿我们的努力如涓涓细流般汇入这一潮流，共同推动金融业更高效、更健康地发展。

张 燃

2020 年 1 月 6 日　北京